関東周辺サイクリングロードガイド

Cycling Road GUIDE

実業之日本社・編

関東周辺サイクリングロード・ガイド

目　次

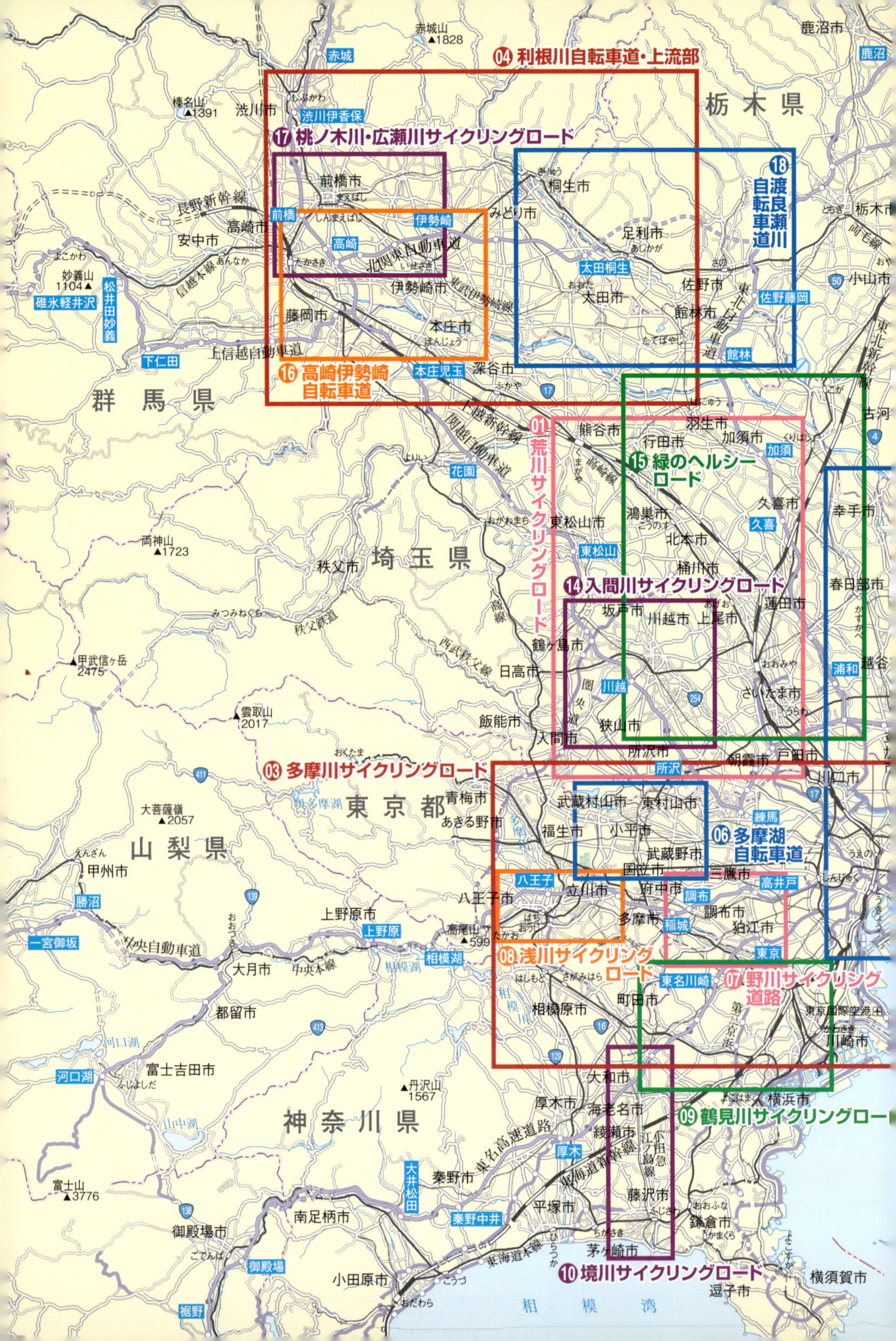

04 利根川自転車道・上流部
17 桃ノ木川・広瀬川サイクリングロード
18 渡良瀬川自転車道
16 高崎伊勢崎自転車道
01 荒川サイクリングロード
15 緑のヘルシーロード
14 入間川サイクリングロード
03 多摩川サイクリングロード
06 多摩湖自転車道
08 浅川サイクリングロード
07 野川サイクリング道路
09 鶴見川サイクリングロー
10 境川サイクリングロード
群馬県
栃木県
埼玉県
東京都
山梨県
神奈川県
赤城山 1828
榛名山 1391
妙義山 1104
両神山 1723
甲武信ヶ岳 2475
雲取山 2017
大菩薩嶺 2057
高尾山 599
丹沢山 1567
富士山 3776
鹿沼市
渋川市
しぶかわ
前橋市
まえばし
しんまえばし
高崎市
たかさき
安中市
あんなか
まえかわ
伊勢崎市
いせさき
藤岡市
本庄市
ほんじょう
深谷市
ふかや
桐生市
きりゅう
みどり市
足利市
あしかが
太田市
おおた
佐野市
さの
館林市
たてばやし
栃木市
とちぎ
小山市
おやま
古河
こが
羽生市
はにゅう
熊谷市
くまがや
行田市
加須市
くりはし
鴻巣市
こうのす
久喜市
北本市
桶川市
幸手市
春日部市
かすかべ
東松山市
おがわまち
よりい
秩父市
みつみねぐち
坂戸市
川越市
上尾市
あげお
蓮田市
鶴ヶ島市
日高市
おおみや
さいたま市
うらわ
越谷
狭山市
飯能市
入間市
所沢市
朝霞市
戸田市
川口市
おくたま
奥多摩湖
青梅市
あきる野市
福生市
武蔵村山市
東村山市
小平市
武蔵野市
国立市
三鷹市
うえの
しんじゅく
八王子市
立川市
府中市
調布市
狛江市
多摩市
はちおうじ
たかお
はしもと
さがみはら
相模原市
町田市
相模川
多摩川
東京国際空港
かわさき
川崎市
よこはま
横浜市
大和市
厚木市
海老名市
綾瀬市
藤沢市
ふじさわ
おおふな
鎌倉市
かまくら
茅ヶ崎市
ちがさき
平塚市
ひらつか
秦野市
南足柄市
小田原市
おだわら
こうづ
よこすか
横須賀市
逗子市
相模湾
御殿場市
ごてんば
富士吉田市
ふじよしだ
河口湖
山中湖
都留市
大月市
おおつき
上野原市
相模湖
甲州市
えんざん
長野新幹線
信越本線
北関東自動車道
東武伊勢崎線
上信越自動車道
上越新幹線
関越自動車道
高崎線
東北自動車道
東北新幹線
秩父鉄道
西武秩父線
八高線
圏央道
中央自動車道
中央本線
東名高速道路
東海道新幹線
東海道本線
小田急江ノ島線
第三京浜
両毛線
赤城
渋川伊香保
前橋
伊勢崎
高崎
太田桐生
佐野藤岡
館林
本庄児玉
下仁田
碓氷軽井沢
松井田妙義
花園
加須
久喜
東松山
川越
浦和
所沢
練馬
高井戸
八王子
調布
稲城
東京
東名川崎
勝沼
一宮御坂
上野原
相模湖
河口湖
厚木
大井松田
秦野中井
御殿場
裾野
鹿沼

関東周辺 サイクリングロード・ガイド 全域図

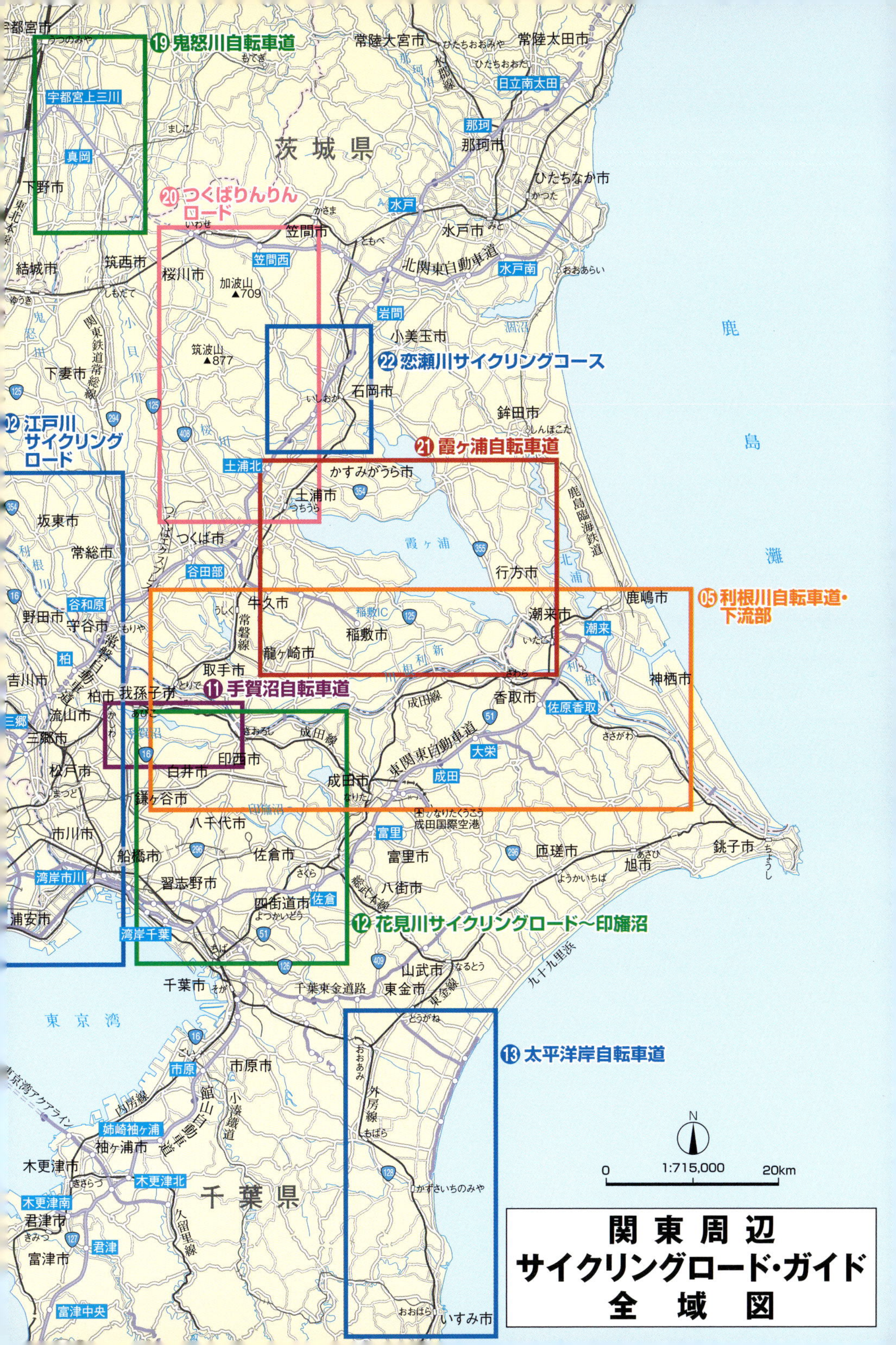

本書の使い方

本書では関東周辺の主なサイクリングロードを紹介しています。サイクリングロードは、国土交通省が管轄する大規模自転車道（全国で約4300kmの計画、およそ80％が整備済み）と、都道府県の市町村管轄コースがありますが、主に湖岸沿い、海岸線沿い、河川沿いの堤防上や河川敷に設置され、自転車専用道というよりも、歩行者・自転車専用道の指定がほとんどです。また、その名称も「青少年サイクリングコース」「○○川サイクリング道路」などいろいろありますが、本書では、大規模自転車道は原則としてその名称を、他のコースについては通称名で紹介しています。

コース紹介については起点（スタート）・終点（ゴール）に基準は設けていません。

なお、サイクリングロードは、コース全体がクローズされたものではなく、途中、車道を横断したり、あるいは、車道と並走することもあります。また、歩行者・自転車専用道ということで歩行者もコース上にいることを前提に、スピードは押さえて安全走行を守るようにしてください。

【本書の記事やデータなど】

●記事

本書は2009年４月から６月にかけて実走取材しています。本書で紹介している施設の情報や、記事、写真は、変更になっている場合もあります。

●データ

①区間距離＝サイクルコンピュータおよび地図ソフト等によって計測していますが、多少の誤差はあります。

②５段階グラフ＝取材担当者による印象で、５段階評価していますが、季節や天候によっても変わります。数字が大きいほど走行環境は良好です。

魅力・見所⇒平凡１～見所いっぱい５

道幅⇒狭くて走りにくい１～広くて快適５

クルマ止め⇒クルマ止めが頻繁に現れる１～クルマ止めはナシ５

舗装状態⇒悪路１～全面きれいな舗装５

距離⇒20kmまで１～以降10kmごとに１ランク上げて50km以上が５

アクセス⇒周りには主要道路や鉄道がない１～主要道路や鉄道路線が近い５

DATA

●エリア＝東京都大田区、世田谷区、狛江市、調布市、府中市、稲城市、立川市、川崎市川崎区、幸区、多摩区ほか

●距離＝約54.1km

●主な区間距離＝

弁天橋～大師橋 …………………… 1.0km
大師橋～多摩川大橋 ……………… 6.0km
多摩川大橋～二子橋 ……………… 9.5km
二子橋～多摩水道橋 ……………… 5.8km
多摩水道橋～関戸橋 ……………11.8km
関戸橋～日野橋 …………………… 5.3km
日野橋～拝島橋 …………………… 6.9km
拝島橋～羽村の堰 ………………… 7.8km

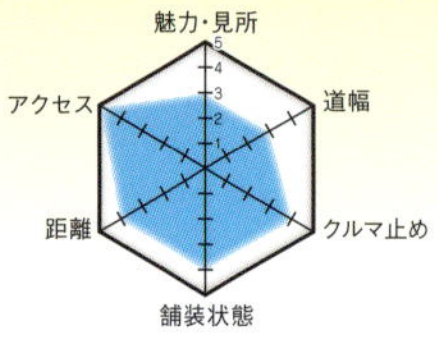

●写真と地図

写真中の数字と地図中の丸囲み数字は同じ場所を指しています。

●そのほか

川の右岸とは上流から見て右側、左岸は上流から見て左側の岸です。

施設利用料金は原則として大人一名の料金を表示しています。

自転車は基本的には車道の左側走行です。サイクリングロードでも左側走行を厳守してください。

関東周辺大規模自転車道一覧

都・県	自転車道名	起　点	終　点	計画km	整備済km
茨城県	岩瀬土浦自転車道線（筑波自転車道）	岩瀬町犬田	土浦市川口	40.1	40.1
茨城県	潮来土浦自転車道線（霞ヶ浦自転車道）	潮来市牛堀	土浦市川口	40.0	14.6
茨城県	茨城大洗自転車道線（涸沼自転車道）	茨城町長岡	大洗町祝町	23.0	21.0
茨城県	取手水海道自転車道線（小貝川自転車道）	取手市小文間	水海道市荒井木町	30.2	22.8
茨城県	古河岩井自転車道線（利根渡良瀬自転車道）	古河市桜町	坂東市莚打	30.2	19.3
栃木県	二宮宇都宮自転車道線（鬼怒川自転車道）	芳賀郡二宮町大字大道泉	宇都宮市柳田町	25.5	25.5
栃木県	渡良瀬遊水地壬生自転車道線（黒川思川自転車道）	下都賀郡野木町友沼	下都賀郡壬生町壬生	26.1	15.8
栃木県	桐生足利藤岡自転車道線（渡良瀬川自転車道）	足利市小俣町	下都賀郡藤岡町大字藤岡	22.2	22.2
群馬県	高崎伊勢崎自転車道線	高崎市浜尻町	伊勢崎市若葉町	42.5	42.5
群馬県	桐生足利藤岡自転車道線（渡良瀬川自転車道）	桐生市錦町	栃木県藤岡町	16.0	16.0
群馬県	玉村渋川自転車道線（県央自転車道）	玉村町五料	渋川市金井	35.0	29.7
埼玉県	さいたま武蔵丘陵森林公園自転車道線（荒川自転車道）	さいたま市常盤	滑川町福田	45.6	45.6
埼玉県	江戸川自転車道	三郷市高洲	幸手市中島	41.2	39.7
埼玉県	川越狭山自転車道線（入間川自転車道）	川越市中老袋	狭山市根岸	22.6	22.6
埼玉県	川島こども動物自然公園自転車道線（比企自転車道）	川島町大字松永	東松山市大字岩殿	12.8	10.2
埼玉県	足立さいたま自転車道線（芝川自転車道）	川口市領家	さいたま市大宮第二公園	21.5	12.4
千葉県	松戸野田関宿自転車道線（江戸川左岸自転車道）	松戸市小山	関宿町三軒家	41.4	40.9
千葉県	我孫子流山自転車道線（手賀沼自転車道）	我孫子市布佐	流山市深井新田	30.8	17.7
千葉県	八千代印旛栄自転車道線（印旛沼自転車道）	八千代市保品	栄町和田	27.3	22.0
千葉県	飯岡九十九里自転車道線（太平洋岸自転車道）	飯岡町飯岡	九十九里町片貝	34.6	16.1
千葉県	九十九里一宮大原自転車道線（太平洋岸自転車道）	九十九里町片貝	大原町深堀	33.0	33.0
千葉県	和田白浜館山自転車道線（太平洋岸自転車道）	和田町下三原	館山市沼	50.4	29.0
東京都	保谷狭山自然公園自転車道線（多摩湖自転車道）	西東京市新町	東村山市多摩湖町	21.9	21.9
東京都	葛第七三三号、A0440（江戸川自転車道）	葛飾区柴又5丁目ほか	江戸川区南葛西5丁目ほか	22.0	21.9
東京都	足立さいたま自転車道線（芝川自転車道）	足立区鹿浜	足立区入谷	0.6	0.6
神奈川県	藤沢大和自転車道（境川自転車道）	藤沢市鵠沼海岸	大和市下鶴間	24.5	20.1
神奈川県	相模川自転車道（さがみグリーンライン自転車道）	厚木市関口	平塚市千石河岸	21.0	1.5

※参考＝国土交通省資料ほか。整備済み距離は平成15年現在

01 埼玉県 荒川サイクリングロード

人気の荒川サイクリングロードの中核をなす、さいたま武蔵丘陵森林公園線。
荒川右岸を走るこの道を基本に、
荒川のサイクリングロードは、多彩なバリエーションで広がる。

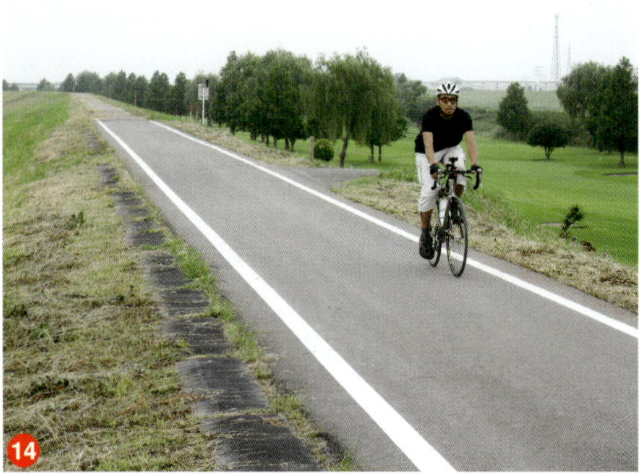

背割堤は増水時に一方の川から他方へ水が流れ込むのを防ぐためのもの。左右を川が流れる風景を見ながら真っ直ぐに延びる道を走る

DATA

●**エリア**＝さいたま市浦和区、中央区、桜区、西区、川越市、比企郡川島町、吉見町、熊谷市、東松山市、比企郡滑川町
●**距離**＝約45.6km
●**主な区間距離**＝

北浦和国道463号起点～羽根倉橋	4.6km
羽根倉橋～治水橋	5.5km
治水橋～上江橋	4.6km
上江橋～開平橋	3.3km
開平橋～太郎右衛門橋	5.7km
太郎右衛門橋～荒井橋	5.6km
荒井橋～御成橋	2.6km
御成橋～糠田橋(吉見運動公園管理事務所)	1.7km
糠田橋(吉見運動公園管理事務所)～大芦橋	4.3km
大芦橋～森林公園	7.7km

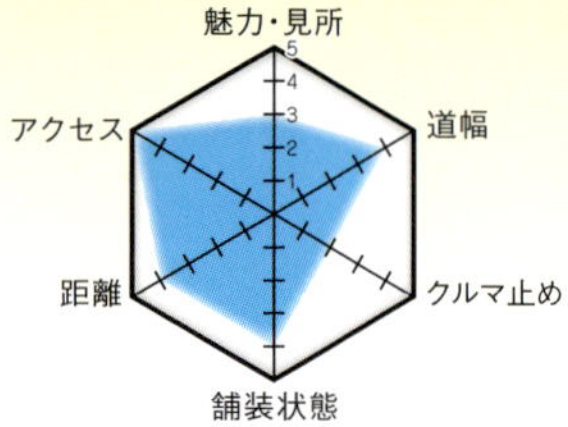

《概　要》

このコースは「荒川サイクリングロード」と呼ばれる道の一部とその枝葉からできあがっている、JR京浜東北線北浦和駅と森林公園を結ぶ約46kmの道だ。

スタートは北浦和駅西口から国道17号を渡った国道463号の北側歩道。しかし、ここから羽根倉橋までは、国道わきにあるただの歩道である。実際のサイクリングロードといえるのは、羽根倉橋のわきより河川敷に出たところからだ。ただしこの部分、本来のサイクリングロードである堤防上が工事中のために、迂回路としてゴルフ場わきの河川敷を走ってから、オリジナルのコースに合流し、治水橋(ぢすいばし)の下をくぐる。上江橋(かみごうばし)で右岸に渡る。しばらく支流の市野川沿いを走り、市野川を渡りさくら堤公園を過ぎたら荒川の堤防へ。

そこから先が日本一川幅の広い区間。サイクリングロードは立体交差でくぐってしまうが、御成橋の端には「川幅日本一」の碑が立っている。その先、糠田橋をくぐると吉見運動公園の事務所。さらにひとつ上流の大芦橋(手前に大芦水管橋がある)で荒川を離れ、のどかな田園地帯を武蔵丘陵森林公園を目指して走る。

《アクセス》

スタートは北浦和駅から近く、ゴールの森林公園は公園沿いに南下すると東武東上線森林公園駅前まで「森林公園緑道」が続いている。電車利用でアクセスするのはもってこいである。クルマの場合は森林公園もしくは秋ヶ瀬公園の駐車場を利用すればよいだろう。

ちなみに一般的に呼ぶところの荒川サイクリングロードは、川上側の起点になる熊谷大橋へはJR高崎線熊谷駅が、川下側の葛西臨海公園はJR京葉線葛西臨海公園駅へのアクセスが容易、クルマでも各所に駐車場がある。

《そのほか》

荒川右岸のサイクリングロードは補給に関していうと壊滅的。状況に応じて左岸に渡って食堂や商店に立ち寄ることを考えてもよいだろう。

1 スタート地点はJR京浜東北線北浦和駅西口正面。国道463号が国道17号と分岐して所沢方面に向かう北側歩道だ

2 レッズランドは下大久保交差点から南西に行くと荒川の土手沿いに広がっている。レンタサイクルがある

3 鴨川に架かる浅間橋を渡ると、周りの雰囲気も次第に郊外の趣き。市街地らしさがなくなってくる

6 本来のサイクリングロードは堤防の上にあるが、工事のため河川敷に迂回路が作られている

7 迂回路には、サイクリングロードへ向かう案内版が出ているので、迷うことはないだろう

8 迂回路ではこのような黄色地に黒の標識（本来は「右方屈折あり」の警戒標識）で自転車道の道筋を案内している

9 右手から、本来のサイクリングロード（閉鎖中）が合流する

10 河川敷を離れ堤防へ向かって右折する。手前に案内はあるが、気持ちよく走っていると見落としてしまうかもしれないので注意

12 荒川は上江橋の下流で西から流れてくる入間川と合流する

13 サイクリングロードは上江橋の途中で荒川と入間川の間に延びる背割堤へ下りる

15 開平橋を過ぎたら荒川側の堤防下へ降りていく

16 ここから先の区間には、このようなタイプのクルマ進入防止柵が設置されている。間隔が広いので通り抜けには苦労しないだろう

17 ホンダエアポートは、一般向けの遊覧飛行等も行っている。余裕があれば、空の散歩をするのも楽しいかも

18 圏央道が横切るための橋の建設が続いている(2009年11月工事終了予定)

19 堤防の上を走っていると、それよりも高いところはほとんどないことに気づく。見晴らしのよさを満喫しよう

20 堤防を走っていると左手に現れるのが鳥羽井沼。沼はフナやコイの釣り場になっているほか、周囲は自然公園として整備されている

21

かつてサイクリストが集った売店「ヤジマ」もすっかり廃墟になってしまった

22

荒川支流市野川沿いを上ってきたが、右折して松永橋を渡り荒川方向へ。直進すると比企自転車道

23

桜のトンネルが続く、さくら堤公園。直射日光に晒される川沿いのサイクリングロードにあっては、オアシスのような存在だ

25

糠田橋下の吉見運動公園管理事務所は、休憩ポイントのひとつ。トイレ、自販機と軽い補給食を購入できる。月曜日は閉まっているので注意

26

大芦水管橋を過ぎたらその先の大芦橋で荒川を離れる

27

荒川を離れたら最初の交差点は滑川方面へ

休憩ポイント 武蔵丘陵森林公園

明治百年を記念し、「自然を失いつつある都市の住民が緑を通じて人間性を回復する」という理念のもと、昭和49年(1974)に開園した全国初の国営公園。園内には全長17kmのサイクリングコースがある。ただし、サイクリングコース外は自転車の乗り入れは不可。公園内の各所に駐輪場が設けられているので、行きたいポイントの近くまで自転車で行き、そこから徒歩でのアクセスが可能だ。場所によってはサイクリングコースから離れていて、結構歩くはめになる。森林公園から東武東上線森林公園駅までは、森林公園緑道が整備されており、公園南口から2.9kmで駅にアクセスできる。写真の森林公園中央口は現在サイクリングターミナルの移設のために工事中。サイクリングターミナルが入口わきに完成する予定。

29

開園時間＝9:30～17:00(11月は16:30まで、12月～２月は16:00まで)／入園料＝400円／１月第3、４月曜、年末年始休園／駐車場１日610円／問合せ＝TEL0493-57-2111

28 森林公園に向かうまでの道はこの表示に従っていけば、間違えることはないだろう

24 さくら堤公園を過ぎると荒川の堤防に合流、その先の御成橋には「川幅日本一」と書かれた柱が立つ

11 堤防上に上がるとすぐにJR川越線の踏切がある。渡るときは左右の安全を確認すること

5 羽根倉橋の手前で秋ヶ瀬公園方向に入る。頭上と路面にサイクリングロードの案内がある

4 羽根倉橋に向かってスロープを上ってゆく。道路わきのケヤキの街路樹は、北浦和から所沢まで続く日本一長いケヤキ並木と解説されている

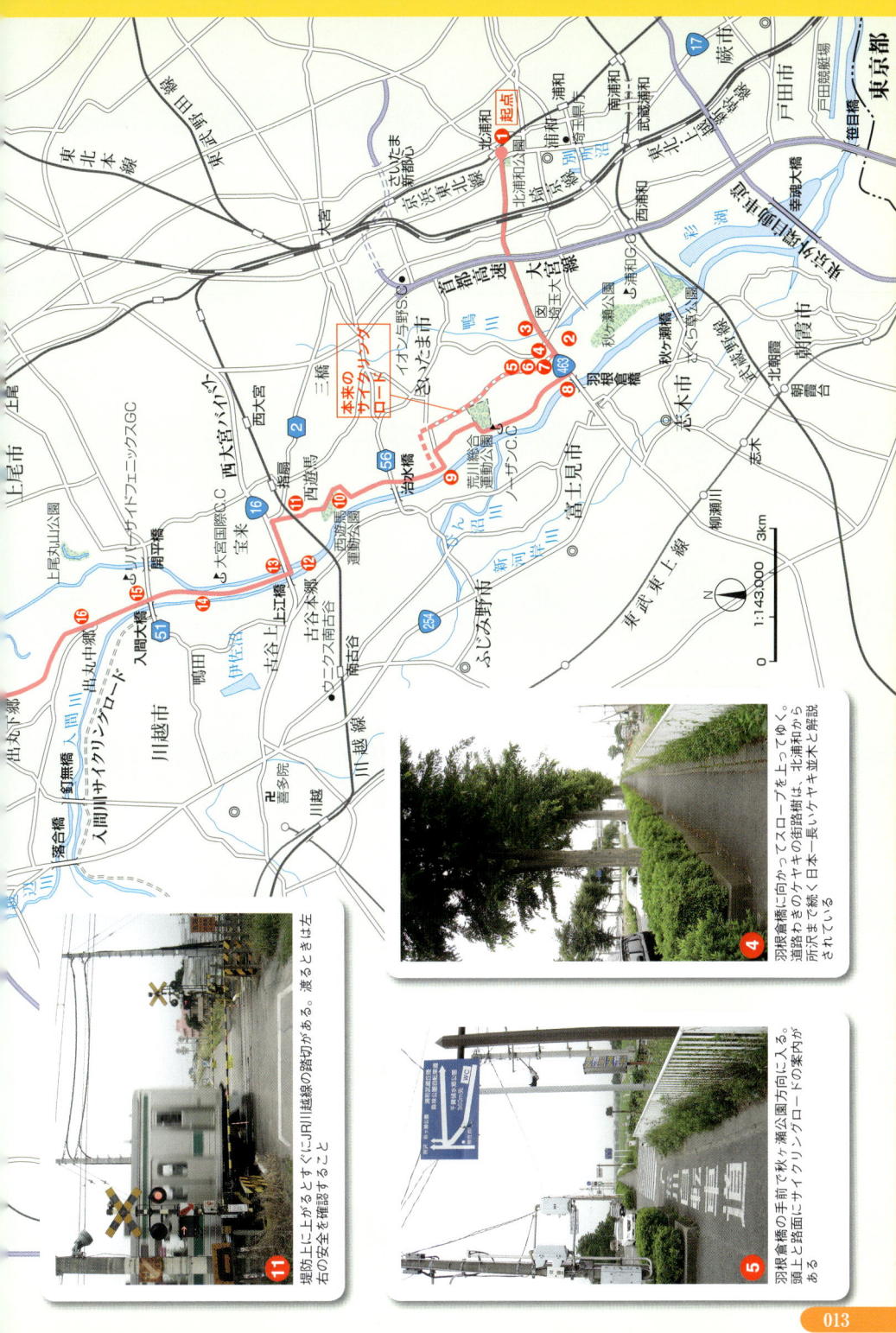

02 東京都・埼玉県・千葉県・茨城県 江戸川サイクリングロード

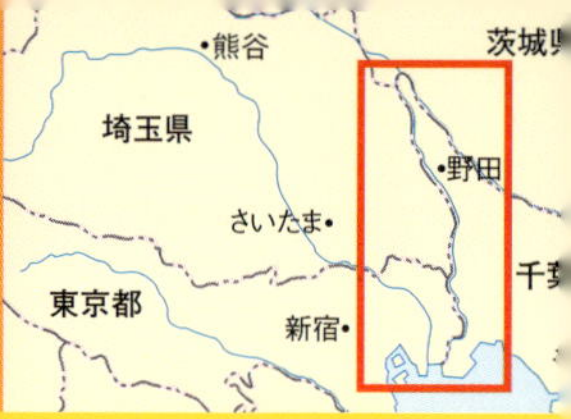

多摩川、荒川と並んで人気のサイクリングロードは、
下町から穀倉地帯へと変わる、周囲の風景を楽しみながら走れる。
利根川水系のサイクリングロードへつなげば、北関東へのアクセスも容易。

江戸川本流に合流してからは堤防上を走行し、橋と交差するところでは河川敷に下りる、というパターンが多い

DATA

●**エリア**＝東京都江戸川区、葛飾区、埼玉県三郷市、吉川市、北葛飾郡松伏町、春日部市、幸手市、千葉県野田市、茨城県猿島郡五霞町
●**距離**＝約63.4km
●**主な区間距離**＝
葛西臨海公園～江戸川大橋 ……………11.9km
江戸川大橋～柴又公園 ………………… 7.0km
柴又公園～葛飾大橋 ………………… 3.2km
葛飾大橋～JR武蔵野線鉄橋 ………… 7.9km
JR武蔵野線鉄橋～玉葉橋 …………… 8.5km
玉葉橋～野田橋 ………………………… 3.8km
野田橋～宝珠花橋 ……………………11.9km
宝珠花橋～関宿城裏 ………………… 9.2km

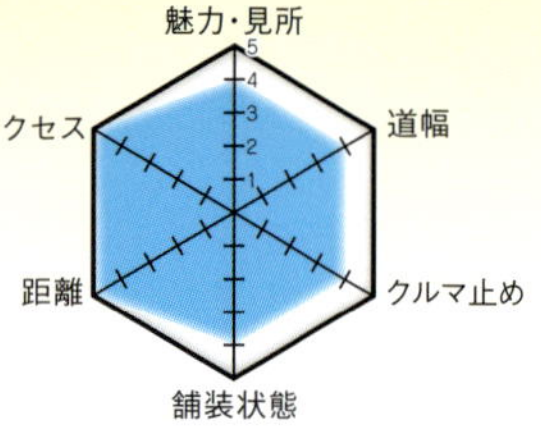

《概　要》

江戸川の河口はふたつある。本流は市川市と船橋市の境、旧江戸川は東京都と千葉県の境でそれぞれ海へ注ぐ。本流も旧江戸川にもサイクリングに適した道が整備されているが、通常は葛西臨海公園からスタートする旧江戸川を起点とし、江戸川右岸を遡り、江戸川と利根川の分岐点、関宿を目指す。

葛西臨海公園から江戸川水閘門（すいこうもん）までの旧江戸川流域の多くは、コンクリート護岸のわきにある「江戸川健康の道」という歩行者・自転車専用道を走る。多少幅が狭く、道が曲がりくねっているところは見通しが悪いので、注意が必要。

江戸川水閘門から上流は、広々とした河川敷を見ながら堤防上を走る。東京の下町の風景から埼玉の田園地帯へと変わっていく風景を楽しめるのも、このコースの面白さだ。途中、柴又や三郷、対岸では松戸など、川に隣接する町や都市が多いのも特徴で、適度な休憩には適している。ただし、三郷以降、右岸にはあまり大きな町は現れない。千葉県境と接し続ける左岸は市川、松戸、流山、野田と市街地が続くが、野田から先はやはり大きな町がないので、いずれにしても終盤に突入する前に食料や飲み物を補給しておきたい。

関宿から先は、利根川自転車道に接続し、さらに先に進むこともできる。

《アクセス》

葛西臨海公園のほか、浦安、市川、小岩、松戸、三郷、川間（東武野田線）までは、鉄橋と交差する地点のどちらかの岸から至近に駅が存在する。終点の関宿から最寄りの鉄道駅は約10km離れた東武日光線幸手駅で、アクセスがよいとはいいがたい。

クルマでのアクセスの場合、下流は葛西臨海公園、上流は道の駅さかいを利用するのがよいだろう。

《そのほか》

上流に行くとコンビニエンスストアが見あたらないのが、河川沿いのサイクリングロードの欠点。三郷駅前のスーパー・カスミは、開店時間の10:00以降にこのあたりを通過する場合、利用価値大。

JR京葉線葛西臨海公園駅前を出発。駅のわきにはコンビニエンスストアがあるので、補給食等の準備をしっかりしてから出発したい

スタート後、葛西のマンション地帯を抜けると雰囲気が一転、漁業の町の風景になる

新川東水門のわきを通る。新川は葛西の北で江戸川と荒川をつないでいる水路

新中川が旧江戸川に流れ込むところにある今井水門。新中川はもともと中川が増水したときに水を旧江戸川方向にも流すための放水路

今井交通公園は子供たちが遊びながら交通ルールを身につけられるように、信号や横断歩道、道路標識が設置された道路が公園内にある

旧江戸川部分の"サイクリングロード"は、江戸川区が「健康の道」として整備している

江戸川サイクリングロード最大の難関、造船所前の車よけ。スピードを落とせば十分通れる間隔ではあるが、快適なものではない

遠方に江戸川水閘門と江戸川閘門が見えてくる。歩道がいったん途切れるので、この先の横断歩道で反対側に渡る

反対車線は桜並木になっている。一部低い枝があるので、頭をぶつけないように気をつけたい(特に上流から下流へ向かう場合)

江戸川水門は旧江戸川と江戸川の分岐点の、旧江戸川側にあり、海水が上流に逆流するのを防いだり、江戸川本流側の行徳可動堰と連携して旧江戸川への流量と上流の水位を調節することが主な目的。右側にあるのは閘門で水位の異なる旧江戸川と上流の間を船が行き来するためのもの(川下に向いて撮影)

柴又公園は江戸川サイクリングロード随一の人口密集地。休憩には適当な場所だが、走行時には歩行者に十分気をつけたい

柴又公園から望む和洋折衷の邸宅は旧山本亭

休憩ポイント 柴又帝釈天参道

江戸川サイクリングロードの観光スポットといえば柴又。柴又といえば寅さん。そして、寅さんといえば帝釈天。柴又帝釈天の名で知られる題経寺の参道は、名物の草もちや川魚料理の店などが連なる。日中観光客の絶えないお寺にお参りをし、参道のお店を冷やかしつつ、休憩がてらエネルギー補給をするというのが定番だろう。早朝や夕方に静かな参道を通って帝釈天にお参りすると、人影もまばらで、日中の喧騒が幻のように感じられる。早朝サイクリングともどもおすすめしたい。

川の上にふたつ並ぶ丸屋根ととんがり帽子の一見レトロな構造物は、金町浄水場の取水塔(川下に向いて撮影)

JR武蔵野線三郷駅前にあるスーパーマーケットのカスミ。補給食を確保するのは、ここが最後と思ってよい。この後で必要になる場合は対岸に渡る方が手っ取り早い。ちなみに対岸にも自転車道が走っている(千葉県道401号松戸野田関宿自転車道線)

広い河川敷。ゆったりと流れる川、遠くに見える鉄橋を渡る電車……。行く手にはのどかな風景が広がっている

シンザカヤは江戸川サイクリングロードを走るサイクリスト御用達の酒屋さんだったが、2007年に閉店。現在は自販機が設置されているだけだが、この界隈で水分補給できる数少ないポイントだ

首都圏外郭放水路管理支所。関東平野を流れる川が増水したときに、地下のトンネルを通して水をこの下にある調圧水槽に導き、ポンプで江戸川へ排水する。地下の現場を見学することも可能だ(要事前予約。TEL048-747-0281)。併設されている龍Q館では地底の施設や治水について学ぶことができる。開館時間＝9:30～16:30／月曜、年末年始休館／入館無料／問合せ＝TEL048-746-0748

明治大学宝珠花(ほうじゅばな)滑空場。大学の航空部が自前の滑空場を持っているとは、驚きである

関宿橋で江戸川右岸から左岸へ渡る。ちなみに、さらに上流まで右岸を走り、関宿閘門から中の島公園を経て管理橋を渡って関宿に入ることも可能である

江戸川右岸を走る。正面右手に関宿城が次第に大きくなってくる

現在は博物館となっている関宿城は、平成7年(1995)に博物館として再建されたもの。建っている場所も実際の城址とは異なる。関宿を中心に江戸川の治水の歴史についての展示がある。開館時間＝9:00～16:30／月曜(祝日の場合は翌日)、年末年始休館／入場料＝200円／問合せ＝TEL04-7196-1400

サイクリングロードをそのまま真っ直ぐ、江戸川と利根川の合流点に近い先端に到達。実はこの場所は茨城県。川の流路が変化したため、博物館外の日本庭園から北は茨城県なのだ

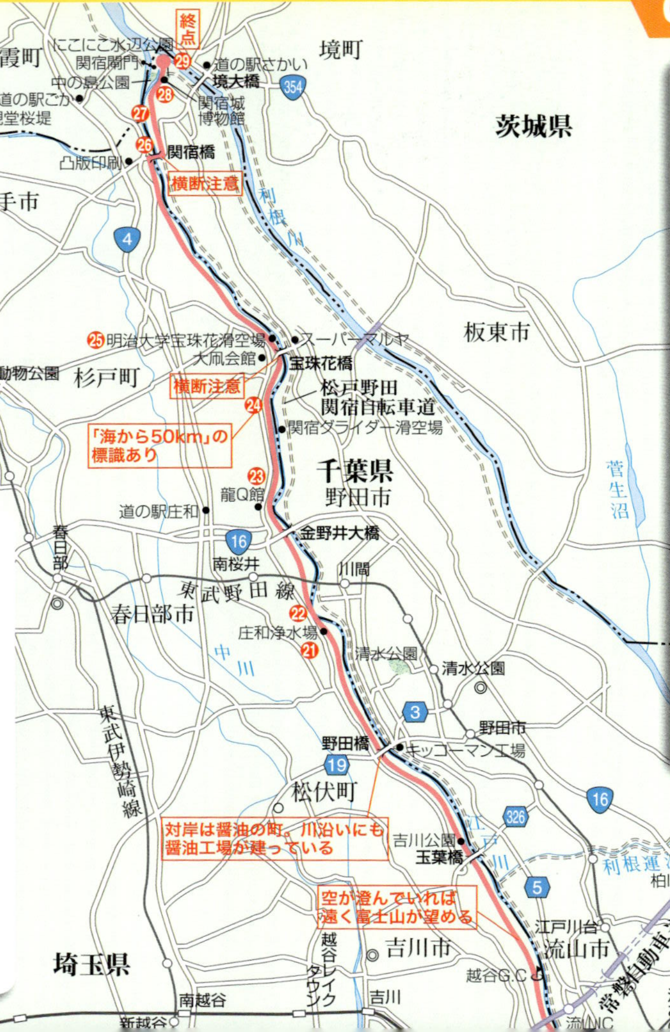

24 サイクリングロードの正面からグライダーが飛んできた。この近辺には左岸に関宿滑空場（NPO法人が管理）が、右岸に明治大学宝珠花滑空場がある

19 埼玉県に入るとその名称が埼玉県道156号「三郷幸手自転車道線」となる。終点は関宿橋ということになっている

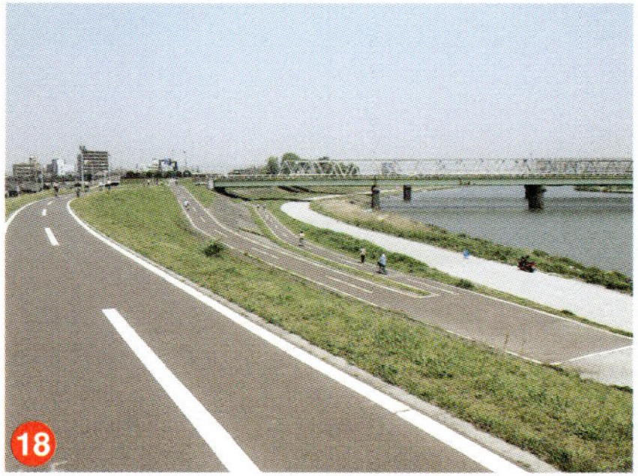

18 葛飾区内の江戸川サイクリングロードは正式名称を「江戸川堤サイクリングロード」という

休憩ポイント 葛西臨海公園

スタート地点となる葛西臨海公園は、西に荒川、東に江戸川河口があることから、荒川、江戸川の両サイクリングロードの起点・終点として利用されている。公園内には、観覧車につけられたライトの照明にちなんで名づけられた直径111mの「ダイヤと花の大観覧車」や、葛西臨海水族園、鳥類園などがある。

2

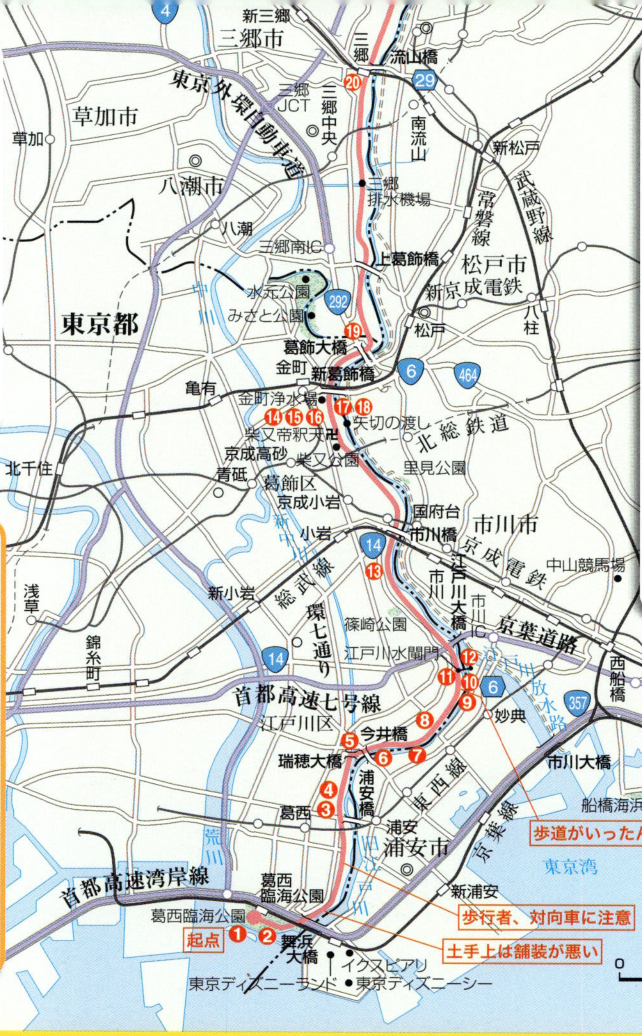

8 篠崎の清掃工場の煙突は高さが150m。焼却施設の余熱を利用して一日に1万2300kWの発電をすることができる

03 東京都・神奈川県 多摩川サイクリングロード

人気のこのコースは、週末はサイクリストでいっぱい。
下流から上流へと走るにつれて川沿いの風景も自然がいっぱいになり、
多摩川源流域の山並みがぐんぐん近づいてくるのも魅力だ。

前方には京王相模原線の鉄橋。快適なサイクリングロードが延びる

DATA

●**エリア**＝東京都大田区、世田谷区、狛江市、調布市、府中市、国立市、立川市、昭島市、福生市、羽村市
●**距離**＝約54.1km
●**主な区間距離**＝

弁天橋～大師橋	1.0km
大師橋～多摩川大橋	6.0km
多摩川大橋～二子橋	9.5km
二子橋～多摩水道橋	5.8km
多摩水道橋～関戸橋	11.8km
関戸橋～日野橋	5.3km
日野橋～拝島橋	6.9km
拝島橋～羽村の堰	7.8km

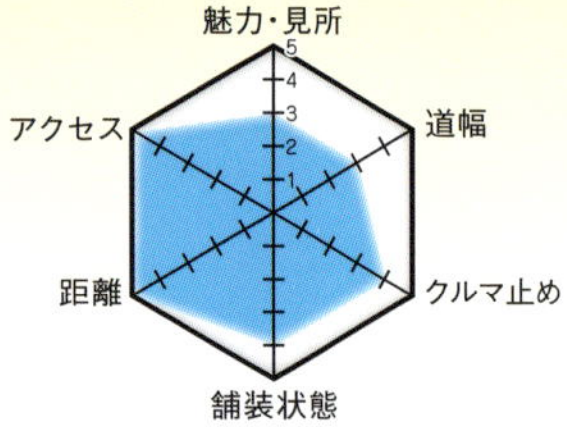

《概　要》

サイクリストの人気度ナンバー１ともいえるのが、このコース。

東京都と神奈川県境に河口を持つ多摩川には、左岸側は大田区の河口少し上流・海老取川との合流地点に架かる弁天橋から羽村市の羽村の堰までおよそ54kmにサイクリングロードが設置されている。途中、中原街道が走る丸子橋下でいったん途切れ、そのあと車道との並走になったり、未舗装の堤防上の道も現れたりするが、多摩水道橋の先から中央自動車道高架下付近まで、さらに日野橋の下流側にある立川公園から羽村の堰までサイクリングロードが延びている。

一方右岸は、左岸の起点よりもさらに下流、対岸に羽田空港が望める浮島あたりからサイクリングロードはスタートするが、国道15号の六郷橋手前で途切れ、そのあとは国道１号の走る多摩川大橋から多摩水道橋の先までサイクリングロードは続いている。しかし、そのあと、サイクリングロードは途切れ途切れになって、羽村の堰まで続く。右岸・左岸をうまくつないでコースを取れば全線舗装の道が楽しめる。

多摩川サイクリングロードは、週末になるとコース上には歩行者や河川敷のグラウンドでスポーツを楽しむ人が行き交い、自転車と歩行者の接触事故も多発している。スピードは控えめにすること。

《アクセス》

河口近くの下流域では京浜急行、さらに流れに沿ってJR南武線、青梅線が上流部へと走る。また、JR京浜東北線、中央線、さらに多くの私鉄が多摩川を渡るようにして通じているので、輪行によるアクセスはかなり便利。

クルマの場合、河川敷の多くの駐車場は、そこの運動施設利用者のためのものなので、周辺の駐車場を探すことになる。

《そのほか》

サイクリングロード沿いには、トイレもポイントには設置されている。ただし、コンビニエンスストアは非常に少ない。

2 サイクリングロードは大師橋の下をくぐり抜けている。左は多摩川最下流に架かる、高速大師橋

4 以前は通過がすごくやっかいなクルマ止めが設置されていたが、写真のような自転車に優しい車止めに変わった

5 多摩川に架かる京浜急行の鉄橋。このすぐ先にJRの鉄橋が架かっている

6 温泉の出るマンションを始め、多くのマンションが多摩川に沿って立ち並ぶガス橋付近。対岸の高層ビル群は武蔵小杉の再開発地域

7 中原街道が走る丸子橋。河口付近から続いたサイクリングロードはここでいったんおしまい。橋を渡れば川崎側にサイクリングロードが多摩水道橋の先まで延びている

8 丸子橋の先で多摩堤通りに出る。この先800mほど道幅は狭くクルマも多いし、歩道もかなり狭い。この難関区間を抜けた信号で多摩堤通りを避けて、丸子川に沿って二子玉川を目指してもいい

10 河川敷には二子玉川までこんな道が続く。太いタイヤなら、こっちを走るもの楽しい

11 二子玉川からは多摩川支流・野川に架かる小さな橋を渡って兵庫島へ。サイクリングロードはこのすぐ先で再び始まる

東名高速道路の橋の先でサイクリングロードはまた終了。この先で車道に合流し、そのまま多摩水道橋手前まで走っていける。堤防上の未舗装路を走ってもいい

堤防上の道も車道も、前方の多摩水道橋手前で合流する。この橋は下からパスできる

多摩水道橋を下からパスすると堤防上は未舗装路。細いタイヤなら堤防に沿った車道を走る

休憩ポイント　郷土の森周辺

梅林や移築展示されている旧尋常小学校、あるいは博物館などのある郷土の森公園を始め、野球場、サッカー場、テニスコート、体育館などがある。サイクリングロード沿いにはベンチなどもあって休憩するサイクリストが多い。

石田大橋の先に中央自動車道が走る多摩川橋。ここは河口から38km地点だ

中央自動車道の下を抜けるとサイクリングロードの終点。右折して小さな川を渡ったら四つ角を左折、約900m民家の間を走る

立日橋の先で、多摩川に流れ込む残堀川を渡って多摩川に出ると、広々とした河川敷にサイクリングロードが延びている

特徴的な光景の多摩川の流れと多摩大橋。多摩川の周辺もだいぶ景色が変わってきた

睦橋の先は桜並木がずっと続いている。下流から走ってくると、緑もますます増えてきて、気分も高まってくる

福生柳山公園。右側に舗装路もあるけれど、園内を走り抜けるのも気持ちがいい。この先で永田橋東詰の信号を渡れば、またサイクリングロードになる

奥多摩街道とあきる野市を結ぶ羽村大橋

羽村大橋を抜けると前方には羽村堰下橋。歩行者・自転車専用橋で、右岸へ渡れば羽村市郷土博物館がある

左岸の終点は羽村の堰。右手は玉川上水への取水口

休憩ポイント　石川酒造

福生南公園から睦橋を抜けず右手に行けば、サイクリストにも知られる石川酒造に出る。文久３年(1863)に始まる古い造り酒屋で、日本酒の「多満自慢」や地ビール「多摩の恵み」が人気。史料館や予約すれば蔵見学(10人以上30人未満)もできる。休憩するなら、そば処雑蔵で。お酒はサイクリング中は厳禁。お土産にどうぞ。

そば処雑蔵・営業時間＝11:30〜22:00／木曜休み／問合せ＝TEL042-530-5057
http://www.tamajiman.com

03 多摩川サイクリングロード

21 多摩水道橋の上流から続いたサイクリングロードは中央自動車道の先で終わる。下流からここまで走って折り返すサイクリストもたくさんいる

29 JR五日市線鉄橋。河口から50km余り。ゴールの羽村の堰も近い

23 民家を抜けて突き当たって左折すると小さな吊り橋に出る。根川貝殻坂橋という名前の橋だ。橋を渡れば立川公園に沿ったサイクリングロードが現れる

33 ここまでよく走ってきた。スタートしたのは遥か53kmも下流なのだ

24 日野橋の下を抜けると多摩モノレールも走る立日橋が前方に見える

前方は東名高速道路の走る多摩川橋。「多摩川左岸海から20km」の標識が立っている。0kmは海老取川を渡り、羽田空港へ向かう道の途中

多摩川サイクリングロードの下流側の起点は海老取川が合流する地点。弁天橋が架かり、その先は羽田空港。穴守稲荷神社の大鳥居がよく目立つ

狛江市和泉付近。しばらくは未舗装を走る。しかし、細かな砂利なので気にならないで走れる

丸子橋からは狭い車道を避けたければ、自転車を押して川沿いにつけられた歩道を行く。前方の東急東横線鉄橋を抜けると、難関区間を越えた先にある信号に出られる

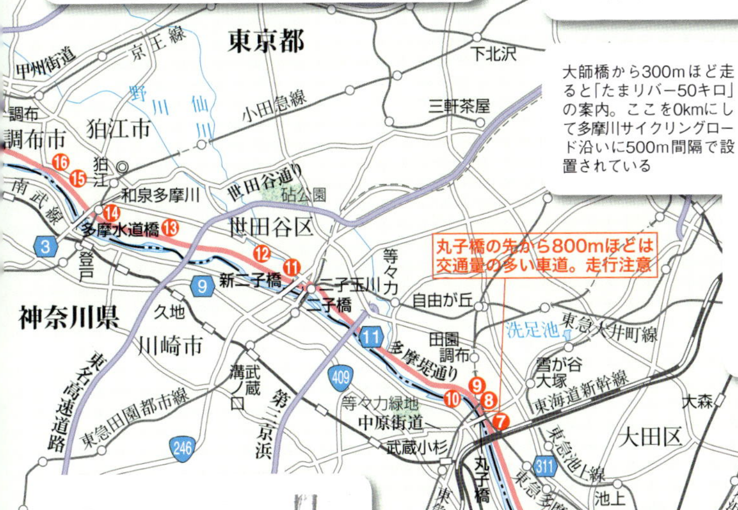

大師橋から300mほど走ると「たまリバー50キロ」の案内。ここを0kmにして多摩川サイクリングロード沿いに500m間隔で設置されている

府中市是政付近。JR南武線の鉄橋下を通過。左手には野球のグラウンドが続いて現れ、ファールボールが飛んでくることもある

04 埼玉県・群馬県 利根川自転車道・上流部

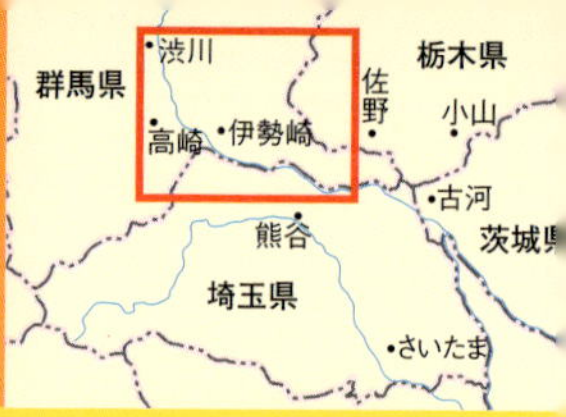

日本最大の流域面積を持つ利根川。
その上流部、群馬県および埼玉県を走るサイクリングロード。関東平野を流れる川を遡っていくと、上州の山が少しずつ迫ってくる。約68.6kmのロングルートだ。

12 前橋市付近で緩いアップダウンあり。上流に進むに従って、川幅が徐々に狭まり、流れが白く波立ってくる

DATA

- **エリア**＝埼玉県行田市、熊谷市、深谷市、本庄市、群馬県伊勢崎市、玉村町、高崎市、前橋市、吉岡町、渋川市
- **距離**＝約68.6km
- **主な区間距離**＝

武蔵大橋～刀水橋 ……………… 10.8km
刀水橋～上武大橋 ……………… 10.6km
上武大橋～坂東大橋 ……………… 7.6km
坂東大橋～五料橋 ……………… 4.7km
五料橋～昭和大橋 ……………… 11.6km
昭和大橋～中央大橋 ……………… 6.7km
中央大橋～上毛大橋 ……………… 4.6km
上毛大橋～大正橋 ……………… 8.6km
大正橋～吾妻川公園 ……………… 3.4km

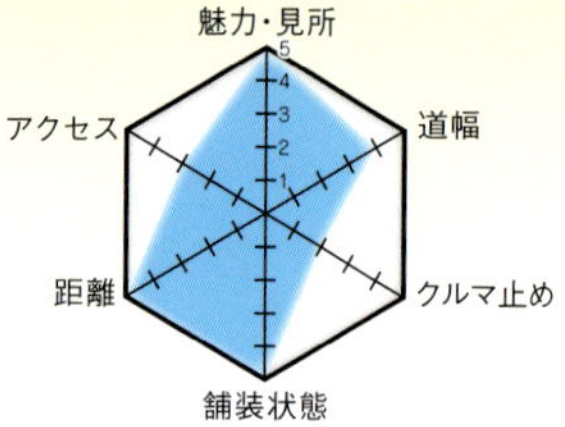

《概　要》

利根川自転車道は、渋川市の吾妻川公園から、河口の約15km上流に架かる利根川大橋まで至るが、なかでも行田市から上流は、全線舗装で車道を走ることもほとんどなく、快適に走行できる区間である。まったくの平野である下流部に比べ、赤城山や榛名山といった上州の名山を望む景観もこのコースの魅力。

起点は武蔵大橋。利根川右岸となる。海から154.0kmの距離標が立っている。利根川自転車道の上流部は坂東大橋と五料橋の間、約4.7kmのみが左岸、ほかはすべて右岸である。そして、渋川市の大正橋から先は一部車道を走って終点の吾妻川公園に向かう。分かりやすい標識が立っているので、それに従って走ればいい。

一方、左岸はというと、武蔵大橋から五料橋の間で一部土手上に整備されている程度である。また、武蔵大橋の下流は、そこから渡良瀬川の流れ込み付近に至るまでと、鬼怒川の流れ込み付近で一部両岸ともに未舗装だったり、車道を走ったりする。

《アクセス》

起点の武蔵大橋は秩父鉄道武州荒木駅から約3.5km。終点の吾妻川公園はJR吾妻線金島駅および、JR上越線渋川駅から約3.5km。途中、JR両毛線前橋駅が近いほか、前橋市から北はJR上越線に並行してサイクリングロードが延びている。高速道路は東北自動車道の羽生ICおよび館林ICが起点に、関越自動車道の渋川伊香保ICが終点に近い。また、国道17号が川に沿っている。

《そのほか》

利根川に架かる橋のたもと付近には、たいていコンビニエンスストアがある。また、坂東大橋が本庄市街に、群馬大橋および中央大橋が前橋市街につながっている。河川敷には緑地や公園が多数点在し、トイレやベンチなどが設置されているので、休憩などに利用できる。

五料橋西詰は利根川自転車道と高崎伊勢崎自転車道の分岐になっているので、間違えないように。利根川自転車道は橋を渡りきって右側に延びる。

熊谷市に入って間もなく、川岸に荻野吟子史跡公園があり、トイレや休憩所が設置されている

坂東大橋を左岸へ渡る。交通量は非常に多いが、自転車・歩行者専用道は鉄柵で保護されている。道幅も広い

斎田休憩所。トイレ、水道、ベンチあり。遊具の設置された小さな公園が隣接している

大利根緑地。トイレ、自販機、駐車場、遊具、芝生広場、スポーツ広場などあり

グリーンドーム前橋。多目的アリーナとしてコンサートや競輪などに利用されている

国道17号の坂東橋。橋の下の坂東橋緑地公園にトイレ、駐車場、芝生広場、スポーツ広場あり

休憩ポイント　スカイテルメ渋川

露天風呂や大浴場のある日帰り入浴施設。円盤のような形をした地上約15mの２階部分に浴場があり、眼下の利根川や周辺の山々を一望しながら入浴できる。レストランや売店もある。

営業時間＝10:00～21:00／第２火曜（祝日の場合は翌日）休館／料金＝大人500円～／問合せ＝TEL0279-20-1126
http://www.skyterume.com/

04 利根川自転車道・上流部

遠くからでもひと目で分かるニンジン色をした群馬県庁のビル。市街地の先には赤城山を望む

リバートピア吉岡。巨大な風車が立つ公園や日帰り入浴施設がある

大正橋。ここから先は車道走行となる。「←利根川自転車道」の標識に従って左折する

利根川自転車道終点。河口付近から200kmを超えるサイクリングロードの終点というところに、感慨深いものがある

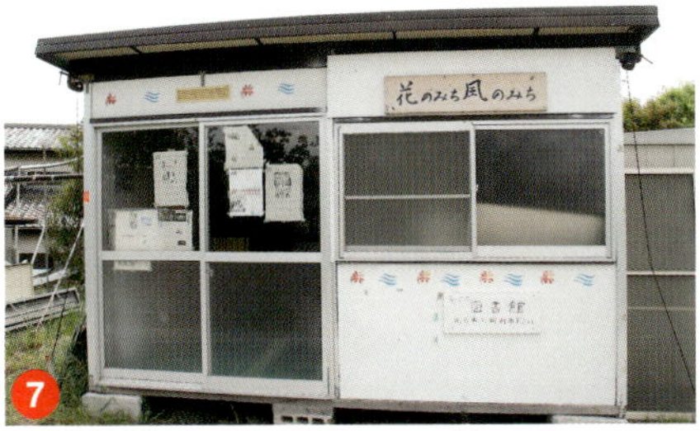

小さな図書館。中にはここに立ち寄った人たちが置いていった本があり、自由に読むことができる

起点の武蔵大橋は、利根大堰に架かる道路橋。河川敷に駐車場あり。土手下陸側にはトイレあり

大利根緑地の約1km先で自転車道未整備区間あり。住宅街の中の車道を数百m走る。路面に案内あり

刀水橋のたもとに立つ利根川自転車道の案内板。この先もところどころに設置されている。各区間の距離や休憩所、トイレ、水場の位置などが記されている

左折して五料橋を渡る。坂東大橋からここまでは高崎伊勢崎自転車道との共用区間

05 茨城県・千葉県 利根川自転車道・下流部

**群馬県渋川市から200km以上に渡って延びる利根川自転車道の下流部に位置する、茨城県取手市から神栖市までの約68km。
コース周辺には佐原や潮来といった水郷の町並みなども見られる。**

横利根閘門公園。横利根閘門は大正10年（1921）に完成し、現在も利用されている利根川の歴史を今に伝える閘門である

DATA

●**エリア**＝茨城県取手市、利根町、河内町、稲敷市、神栖市、千葉県我孫子市、印西市、栄町、成田市、神崎町、香取市、東庄町

●**距離**＝約68.1km

●**主な区間距離**＝

利根川サイクルステーション～戸田井橋	7.4km
戸田井橋～栄橋	3.4km
栄橋～若草大橋	6.9km
若草大橋～長豊橋	7.9km
長豊橋～常総大橋	5.7km
常総大橋～神崎大橋	5.8km
神崎大橋～水郷大橋	9.1km
水郷大橋～利根川橋	6.6km
利根川橋～小見川大橋	6.6km
小見川大橋～利根川大橋	8.7km

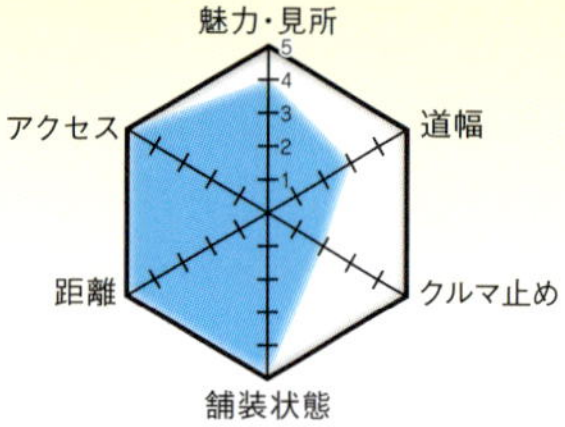

《概　要》

利根川左岸は、茨城県取手市から神栖（かみす）市までほぼ全線土手上にサイクリングロードが整備されている。起点となるのはJR常磐線高架わきの利根川サイクルステーション。「海から85.00km」の距離標が立つ。利根川周辺は農村地帯であるところが多く、田畑の景観が広がるばかりでとてものどか。ただし、コンビニエンスストアなどの商店は非常に少なく、ほぼ６～８kmごとに利根川に架かる橋の周辺、半径500mほどに点在する程度である。

ここで紹介しているのは全線左岸だが、右岸は我孫子市からところどころサイクリングロードが途切れながら水郷大橋まで至り、その先は利根川大橋まで舗装路である。水郷大橋で右岸に渡ると、柳並木の水路と築100年を超える建造物群が趣深い水郷景観を見せる佐原に立ち寄れる。右岸の舗装は利根川大橋の下流約４km地点まで続くが、その先は右岸、左岸とも車道となる。河口まで走る場合、利根川大橋からの距離は約15km。

ところで、本コースの起点である取手市の上流はというと、群馬県渋川市までほとんどの区間で右岸、または左岸、またはその両岸が舗装されている。

《アクセス》

JR常磐線取手駅が、コース起点から約400m離れたところにある。都心から訪れる場合、JR上野駅から約40分。主要道路は国道６号となる。取手市内には民間駐車場が点在しており、クルマで訪れても駐車場の確保は容易。一方、終点の利根川大橋からはJR成田線下総橘駅が最寄り駅で約２km。国道356号が利根川右岸に沿って我孫子市から銚子市まで延びている。左岸には国道124号があり、鹿嶋市で国道51号につながる。また、ルート途中の香取市には東関東自動車道の佐原香取ICが近い。

《そのほか》

利根川自転車道は、右岸、我孫子市の栄橋たもと付近から手賀沼自転車道に連結しており、まだ未整備箇所はあるが、将来的には利根川、手賀沼、江戸川がサイクリングロードでつながる計画である。

起点はJR常磐線の高架わき。河川敷は取手緑地運動公園となっており、野球場や陸上競技場などが約2kmに渡って広がる

起点から約2.5km。土手上に展望台とベンチ、駐車場がある。ここで分岐を左に行くと「かたらいの郷」

休憩ポイント かたらいの郷

浴場などのある多目的福祉施設。敷地が公園になっており、トイレや休憩所が設置されている。

開館時間＝9:00～19:00（7月～9月は21:00まで）／月曜・祝日、年末年始休館／浴場＝500円（市外居住者）／問合せ＝TEL0297-73-8333

「海から80.00km」の標識。こうした距離標が、ほぼ500mおきに立っているので、位置や走行距離を把握しやすい

右岸、我孫子市にある「ゆうゆう公園」。ＭＴＢなどが楽しめるオフロードコースが整備されている

戸田井橋。利根川に合流する小貝川に架かる橋。橋の下をくぐると、小貝川サイクリングロードにつながる

若草大橋を過ぎると間もなく河内町に入る。河川敷はゴルフ場。周辺にはトイレなどがないので、いざというときには駆け込もう

長豊橋。橋を左折して約300mおよび約500m走ったところに、それぞれコンビニエンスストアがある

長豊橋交差点を渡りサイクリングロードへ。土手上は、ほとんどの場所でクルマの進入が制限されている

休憩ポイント　ふるさとかわち

利根川流域の町、茨城県河内町の農産物直売所。地産の米やレンコン、酒などを販売している。トイレあり。

営業時間＝10:00〜19:00／第3月曜休み／問合せ＝TEL0297-60-5111
http://www3.ocn.ne.jp/~kawachi3/index.htm

「海から57.0km」の距離標付近。川沿いに牧場があり、河川敷に牛が放牧されている光景が広がる。牛がサイクリングロードを横切ることもあるので注意しよう

河内町から稲敷市へ。田畑が広がる農村地帯で、ルート上の周囲に商業施設が少ない地域

常総大橋。右岸の千葉県側には橋のすぐ近くにJR成田線滑河駅がある

神崎大橋たもとにスナックや飲み物の購入ができる商店あり。右岸、神崎町に渡って約1.5km走るとコンビニエンスストアもある

20

水郷大橋をくぐって横利根閘門公園へ。また、ここで右岸に渡れば佐原である

28

小見川大橋。このあたりは利根川と常陸利根川にはさまれた中州になっていて陸地の幅は約1km。下流に行くに従いその幅は狭くなる

22

横利根水門。利根川左岸を走る場合は水郷大橋をくぐった後、横利根川河口に設置されたこの水門を渡る

29

「海から22.50km」の距離標。常陸利根川と利根川を繋ぐ水路の水門。幅600mほどの中州で右を見ても、左を見ても川が流れている

休憩ポイント 水郷佐原

町を流れる小野川沿岸には古い商家などが立ち並んでおり、重要伝統的建造物群保存地区に指定されている。また、佐原は江戸時代の測量家である伊能忠敬ゆかりの町としても知られており、旧宅が残されているほか、伊能図などの資料が展示された伊能忠敬記念館もある。JR成田線佐原駅前に水郷佐原観光協会があり、地図や観光施設のパンフレットなどを手に入れることができる。

23

http://www15.ocn.ne.jp/~skk/

30

左岸、サイクリングロードの終点。この先、車道を約500m走ると、利根川大橋に至る

32

利根川大橋を左折し約500m走ると、西宝山交差点に2軒のコンビニエンスストアがある。右折して約1.5km地点にもある

利根川サイクルステーション。土・日・祝日に無料で自転車が借りられる。営業時間は9:00〜16:00。12月1日〜3月20日は休み

スタート地点から約3.8km、利根川浄水場を過ぎると土手を下りる。周囲の草むらにはマムシ注意の立て札もあり

県道４号の栄橋と交差する。ここで300mほど車道を並走。路肩がない上、クルマの交通量が多い

茨城県利根町と千葉県栄町を結ぶ若草大橋。有料の橋で自転車の通行料は20円。ここは橋の下をくぐって先へ進む

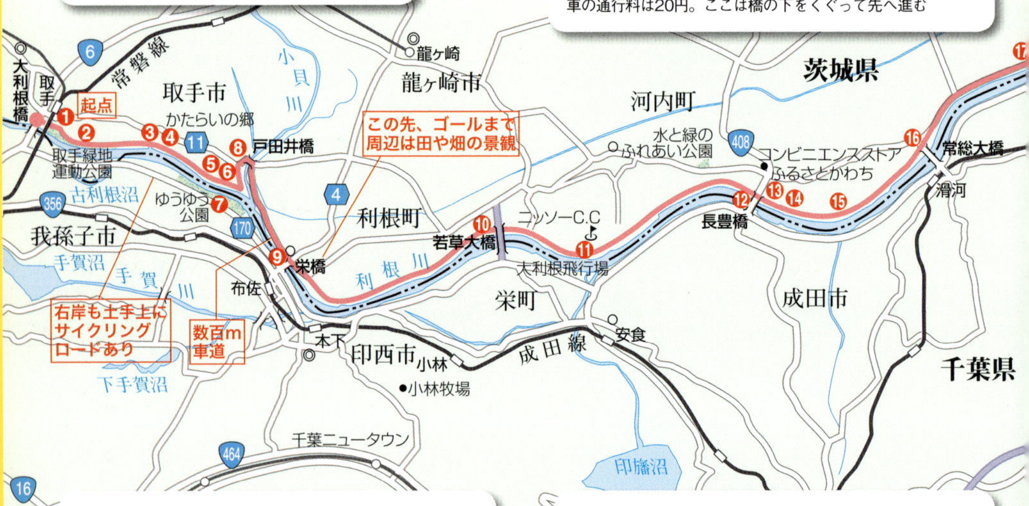

神崎大橋から約７km走った河畔にある大利根東公園。遊具やトイレが設置されている

右岸の大利根自転車道。利根川の土手に水郷大橋から利根川大橋の先４km地点まで整備されている

水郷大橋から約2.4km。ここで県道101号を左折すると加藤洲十二橋巡りのサッパ船が発着する与田浦、さらに潮来へと至る

水郷大橋から約5.2km。JR鹿島線の橋をくぐる。千葉県香取市と茨城県鹿嶋市を結ぶ路線である

JR鹿島線の橋から約1.4kmで東関東自動車道の利根川橋。歩行者・自転車用の橋が併設されており右岸、左岸の往来が可能

利根川河口堰。塩害対策と用水確保に設置された水門で、常陸利根川の常陸川水門に隣接している

右岸を走ってくると、利根川大橋と隣接する黒部川大橋のたもとで利根川河口堰管理所に至る。舗装はここから約4km先まで続き、終点となる

06 東京都 多摩湖自転車道

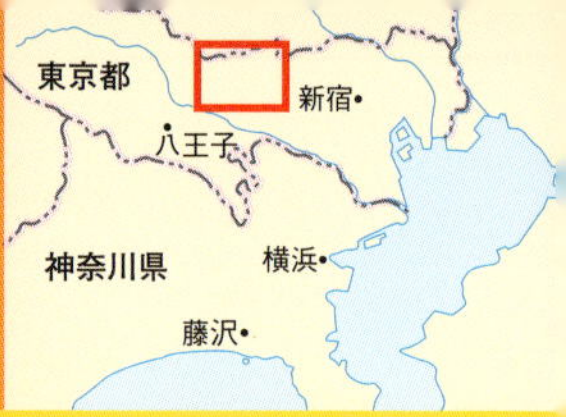

住民の生活道路であり、また、多摩湖を一周するスポーツロードでもある多摩湖自転車道。街、公園、森、丘陵、水辺と、その21.9kmの中に見える景色はめまぐるしく変化していく。緩やかなアップダウンが続く後半は、走りがいも十分。

多摩湖橋。終点の狭山公園を除けば、コース上で唯一湖面を望むことができる場所である

DATA

●**エリア**＝西東京市、小平市、東村山市、東大和市、埼玉県所沢市

●**距離**＝約21.9km

●**主な区間距離**＝

関前５丁目交差点～西武新宿線花小金井駅	2.9km
西武新宿線花小金井駅～小平ふるさと村	1.2km
小平ふるさと村～西武新宿線小平駅	1.5km
西武新宿線小平駅～西武多摩湖線萩山駅	1.2km
西武多摩湖線萩山駅～武蔵大和駅西交差点	3.5km
武蔵大和駅西交差点～鹿島橋分岐	3.4km
鹿島橋分岐～多摩湖橋分岐	5.3km
多摩湖橋分岐～狭山公園	2.9km

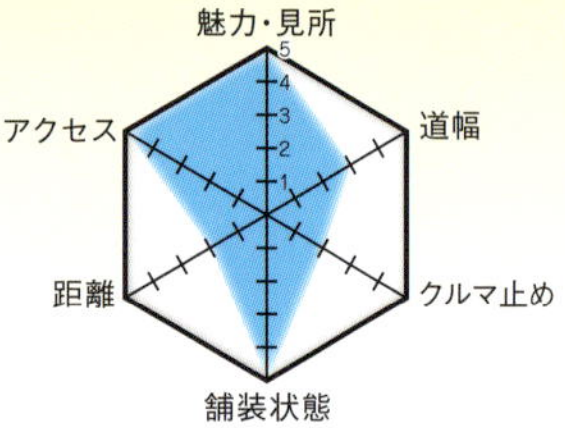

《概　要》

多摩湖自転車道は、西東京市の五日市街道を起点に多摩湖南岸まで直線で至り、その後、湖を一周して狭山公園を終点とする約21.9kmのサイクリングロードである。前半の直線部は水道導水路上を延びる平坦路で、車道とは完全に分離されている。しかし、しばしば交差点があり、そのたびにクルマ止めを避けなくてはならないため、スピードを出して快走というわけにはいかない。また、住民の生活道路として利用されているため、歩行者、自転車の通行量が非常に多い。特に子どもや高齢者には十分に注意する必要がある。サイクリングロードの周りには公園や飲食店などが数多く点在しており、とても賑やかだ。

一方、多摩湖を一周する後半部は、緩やかなアップダウンとカーブを繰り返しながら延びており、周辺の景観はうっそうとした森が広がる。住宅地から離れるため、歩行者は少なくなるが、車道に沿うサイクリングロードは道幅が２mにも満たないため、対向車両との交錯は、それほど余裕はない。そのため、車道を走っている自転車も多く見られる。前半のタウンサイクリング、後半のスポーツサイクリングというふたつの特徴を持ったコースである。

《アクセス》

起点の五日市街道・関前五丁目交差点はJR中央線武蔵境駅から約1.3km。西武新宿線田無駅からは約1.7km。コースは、起点から多摩湖までほぼ西武新宿線、同多摩湖線に沿って延びており、終点も同西武遊園地駅になるため、電車によるアクセスは非常によい。クルマの場合は五日市街道や青梅街道を利用することになるだろう。起点に近い小金井公園の駐車場が広くて、利用しやすい。

《そのほか》

前半の直線部では食事や休憩所、トイレなどに困ることはないだろう。しかし、西武多摩湖線武蔵大和駅付近にあるコンビニエンスストアから先の多摩湖の周りには、商店などはなくなる。さらに、鹿島橋の西には利用しやすいトイレや休憩所などもない。

五日市街道と井ノ頭通りが出合う関前五丁目交差点が起点。広い歩道に石のオブジェが建つ

サイクリングロードの周りには、しばしば畑が現われる。一年を通してさまざまな作物が栽培されている

サイクリングロードが一般道と交差するところには、必ずクルマ止めが設置されている。車道への飛び出しを防ぐためだが、煩わしさは否めない

直売所なども点在している。採れたての東京野菜である

休憩ポイント　小金井公園

草地や雑木林、芝生広場、サイクリングコースなどがある面積約79haの都立公園。雑木林はコナラやクヌギ、アカマツなどで構成され、その大部分が野鳥の楽園となっている。また、雑木林自体も、かつての武蔵野の面影が残る場所として保護されている。園内の江戸東京たてもの園では江戸時代から昭和初期までの文化的価値の高い歴史的建造物が展示されている。公園は都内有数の桜の名所としても知られている。

西武新宿線花小金井駅。南口のロータリーにコンビニエンスストアや飲食店などがある

たけのこ公園。その名前の通り竹林のある広場。トイレもある。こうした公園がサイクリングロード沿いには頻繁に見られる

休憩ポイント　小平ふるさと村

　江戸時代初期、玉川上水の開通に伴って開発された小平の集落。その当時から明治までの建物５棟を復元・展示する施設。用水や屋敷森、雑木林など、建物だけではなく周辺環境も当時の風景をしのばせるものだ。また、小平ふるさと村の前に立つ、昔ながらの丸ポストは市内に30本あり、都内の自治体の中では最多である。

開館時間＝10:00〜16:00／月曜・第３火曜(休日の場合は翌日)、休日の翌日、年末年始休館／入館無料／問合せ＝TEL042-345-8155

大沼田用水。享保14年(1729)に開削された用水で、今も多摩川本流からの自然水が流れている。周辺は親水公園

西武拝島線萩山駅近くに立つ路傍の立て札。萩山という町名がついた由来などが記されている

西武多摩湖線八坂駅。歩行者・自転車用の陸橋、もしくは交差点で府中街道を渡る。交差点にコンビニエンスストアあり

空堀川。狭山丘陵の野山北公園に源を発し、東大和市や東村山市を流れて柳瀬川に注ぐ。河川延長約15kmの一級河川

多摩湖一周コース。サイクリングロードは、柵と段差により車道と分離されている。センターラインは引いてあるが、それほど道幅が広いわけではない

狭山緑地。雑木林に囲まれた園内には、アスレチック場や郷土博物館などがある

鹿島橋分岐。左に進むと多摩湖の中央部の堰堤上を横断して北岸にショートカットできる。ここでは多摩湖を一周するので右へ

鹿島休憩所を発ち、つつじ橋を渡る。この先、しばらくトイレや休憩所はない

多摩湖北岸の道は東京都と埼玉県の都県境に沿って延びる。周辺の濃密な木々のため、湖面はほとんど望めない

玉湖神社。コース北岸にポツンと建つ小さな神社。このあたりは緩やかな下りが続く

玉湖神社を過ぎると間もなく、左手に真っ赤な鳥居と五重の塔が見える。武蔵野三十三観音第十三番札所の金乗院

金乗院の先で分岐あり。左に進むと南岸の鹿島橋に至る堰堤の交差点。ここは右へ進み多摩湖橋へ

西武園ゆうえんち。ジェットコースターの赤いレールが見えたら終点は近い

多摩湖の東、堤体の下に広がる狭山公園。園内および提体上は自転車で走ることができる

鹿島休憩所。濃い緑に包まれ、木陰がとても涼やか。トイレ、水道、ベンチなどあり

西武ドーム。プロ野球・埼玉西武ライオンズのホームグラウンド。既存の球場に屋根を架設してできたドーム球場

路面には100mごとに起点からの距離を示すプレートが設置してある

狭山公園の北側がサイクリングコースの終点となる。提体からは多摩湖が一望。その先にはうっすらと奥多摩の山々も望める

こぶし橋から湖の中央部に造られた堰堤を望む。橋の下に休憩所あり

西武拝島線の踏切を渡る。小平駅を過ぎると、それ以前に比べグッと歩行者が減るので、自転車にとっては走りやすい

起点から多摩湖までは水道導水路上にサイクリングロードが整備されている。街路樹のトンネルが続く

西武新宿線小平駅。駅前には飲食店などが立ち並んでいる。歩行者およびクルマの通行量の多い場所である

西武多摩湖線武蔵大和駅西交差点付近に立つ多摩湖自転車道の案内図。ここから車道と並走する多摩湖一周コースが始まる

07 東京都 野川サイクリング道路

二子玉川で多摩川に左岸から流れ込む一級河川・野川。
上流へ走るにつれて周囲は武蔵野の面影が色濃く残り、
カワセミなどの野鳥の姿も見ることができ、快適なサイクリングが楽しめる。

東八道路の下を抜けると野川公園に飛び出す。緑に包まれた穏やかな気分にさせてくれる風景

DATA

●**エリア**＝世田谷区、狛江市、調布市、三鷹市、府中市
●**距離**＝約12.6km
●**主な区間距離**＝
吉沢橋〜東名高速道路下 ‥‥‥‥‥‥‥ 1.7km
東名高速道路下〜次大夫堀公園入口 ‥‥ 0.5km
次大夫堀公園入口〜世田谷通り ‥‥‥‥ 1.2km
世田谷通り〜野川大橋 ‥‥‥‥‥‥‥‥ 2.3km
野川大橋〜甲州街道（国道20号）‥‥‥ 2.1km
甲州街道（国道20号）〜中央自動車道下‥ 1.8km
中央自動車道下〜野川公園 ‥‥‥‥‥‥ 3.0km

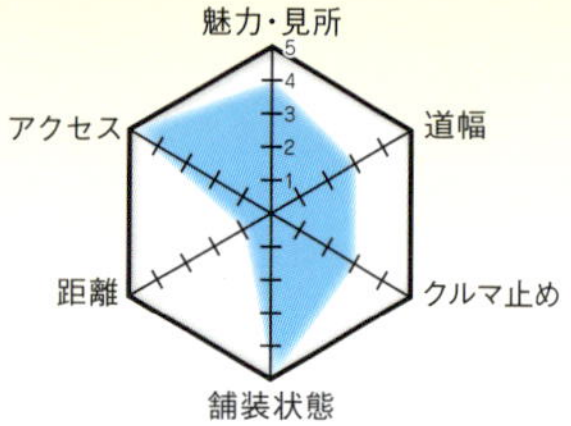

《概　要》

全長約20.5km。国分寺市の日立製作所構内を水源に武蔵野の緑の中を多摩川へと流れ下る野川。野川の特徴は流れの北側にずっと続く、大昔に多摩川を削ってできた国分寺崖線（こくぶんじがいせん）の低い丘陵。そこはほとんどが開発を免れた手つかずの森になっていて、崖線からはあちらこちらで豊富な湧き水を見ることができる。

野川沿いには多摩川と合流する少し上流の吉沢橋から上流に向かって歩行者・自転車専用道（野川サイクリング道路）が延びている。ところどころで車道を走ったり、横断するところも出てくるが、信号もしっかり設置されているし、クルマと並走する区間もメイン道路ではないので交通量は少なく、それほど気にしないでサイクリングを楽しめる。

ここでは、下流をスタートして上流を目指しているが、そのほうがフィナーレになる野川公園の広大な空間がより印象的になるからだ。また、野川公園内を自転車で楽しんだ後、ちょっと足を伸ばして武蔵野の森公園に行って、飛行機見物も楽しい。

なお、野川公園の先にもさらに歩行者・自転車専用道は3kmほど延びているが住宅街も迫ってきて、あまり魅力は感じないので、野川公園を終点にした。

《アクセス》

起点の吉沢橋は東急田園都市線・大井町線二子玉川駅から多摩堤通りを走って1kmほど。あるいは、多摩川サイクリングロードで二子玉川緑地運動場に入り、大きな駐車場わきから野川にも出られる。

ゴールの野川公園からは武蔵野の森公園や味の素スタジアムを見学しながら京王線飛田給駅に出るのが面白いルートだ。また、野川を往復しても全体距離は短いのでチャレンジしてもいいだろう。

クルマでアクセスするなら野川公園の駐車場を使って、逆コースで往復する。

《そのほか》

サイクリングロード沿いには、コンビニエンスストアは数カ所あるが、公衆トイレはないと思ったほうがいい。コンビニエンスストアで借りること。

走り始めるとすぐに周囲はのどかな風景になる。こんな感じでずっと道は続いている。前方は東名高速道路の高架

休憩ポイント　調布卸売センター

中央自動車道の手前、又住橋左手の調布卸売センターは、高級寿司ネタから家庭用食材、食堂までおよそ40軒のお店が軒を並べている。もちろん、業者から個人まで利用OK。

営業時間＝6:00〜13:00ごろ／原則として水・日曜・祝日休み(変更あり)

次大夫堀公園入口。園内には古い農家が移築・復元され、水田もあって、明治時代の世田谷の農村風景が再現されている。園内は自転車で通り抜けられるが、散策している人が多いので、ゆっくりと走ること

野鳥がたくさん訪れるのも野川の特徴であり、魅力。この日もカメラを構えた人たちがずっと何かを狙っていた。もしかして、カワセミ？

きたみふれあい広場は世田谷通りを過ぎてすぐ。野川沿いに桜並木が続く。左側には、小田急線喜多見電車基地の上部を利用した公園が作られている

野川から東八道路上に架かる歩道橋を渡って広さ40万㎡の野川公園の広場へ。かつてゴルフ場だったという園内は自転車も走ることができる

京王線の下をくぐり抜ける。柴崎駅と国領駅のほぼ中間にある。ここを抜けるとすぐ前方は国道20号の甲州街道だ

07 野川サイクリング道路

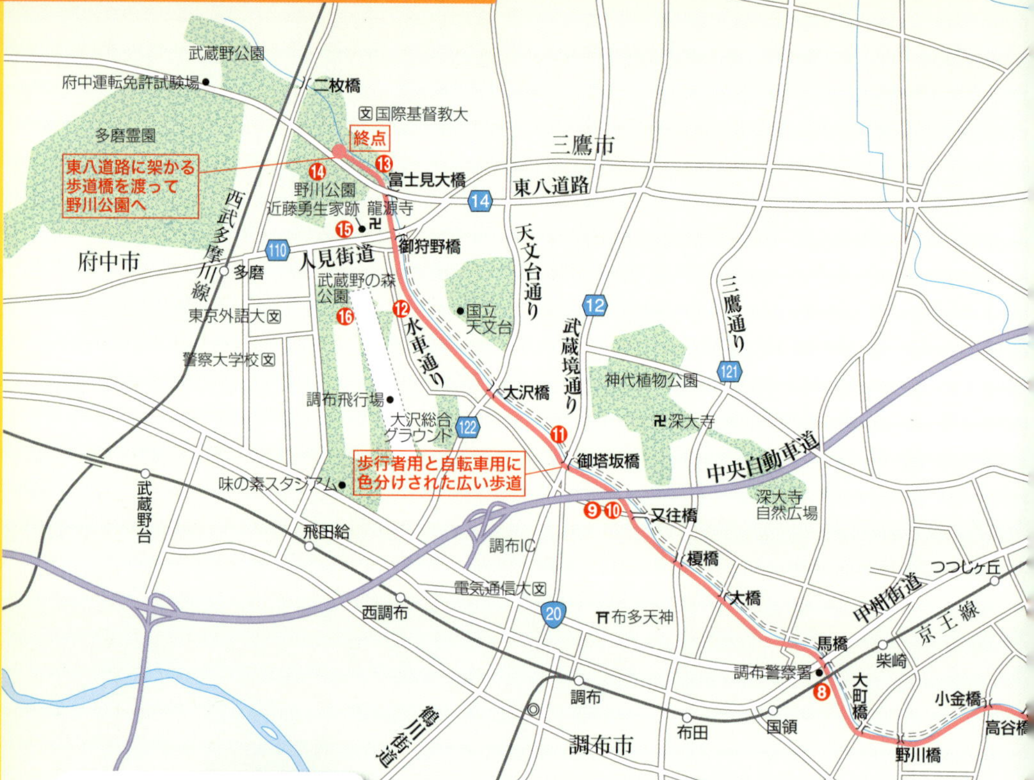

野川公園の正面出口を出ると右手には近藤勇の生家跡

中央自動車道がすぐそこ。野川の流れも生い茂る草花に埋もれがち

ちょっと立ち寄り。野川公園正面出口を出てすぐ先には武蔵野の森公園がある。公園からは調布飛行場の滑走路が目の前に。離着陸する飛行機をしばし見物

最近、三鷹市の手によって整備された水車が可動を始めた。すぐ先には、およそ200年前から水車経営に携わってきた農家が保存され一般公開されている

きたみふれあい広場の神明橋から野川の下流側を見る。護岸がされていないので流れのすぐそばで遊ぶこともできる

野川サイクリング道路のスタートはこの吉沢橋を渡った先。左岸（写真手前）にも道はあるが、途切れ途切れになるので右岸を走ろう

対岸の建物は世田谷トラストまちづくりビジターセンター。センター内では野川の自然に関する写真や資料などが展示、販売され、野川を学ぶことができる。開館時間＝9:00〜17:00／月・火曜、年末年始休館

次大夫堀公園の水田では、近くの幼稚園児や小学生の手によって田植えや稲刈りが行われる

08 東京都 浅川サイクリングロード

**多摩川に架かる府中四谷橋の少し上流で右岸から合流するのが浅川。
前項（P042〜045）の野川とともにサイクリストに人気のコースだ。
適度な川幅と周囲の自然は、のんびり走るのに最高のコースを提供してくれる。**

大和田橋を抜けると快適なサイクリングロード。前方の橋は暁水管橋

DATA

●**エリア**＝日野市、八王子市
●**距離**＝約18.0km
●**主な区間距離**＝

府中四谷橋南詰〜新井橋	2.3km
新井橋〜一番橋	2.8km
一番橋〜長沼橋	3.5km
長沼橋〜八高線踏切	2.2km
八高線踏切〜浅川橋	2.4km
浅川橋〜鶴巻橋・八王子市役所	1.4km
鶴巻橋・八王子市役所〜横山橋	2.4km
横山橋〜南浅川橋	1.0km

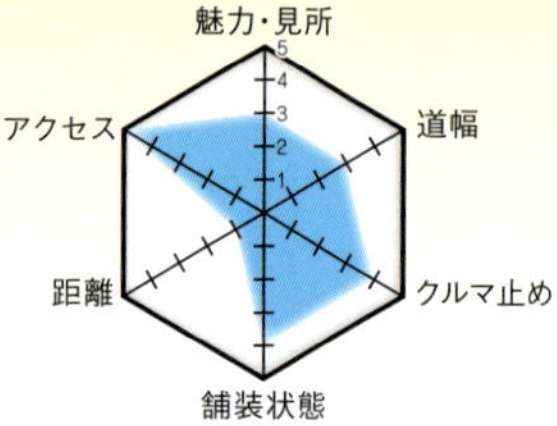

《概　要》

府中四谷橋で右岸の多摩川サイクリングロードから分かれるのが、浅川サイクリングロード。

サイクリングロードはここからJR中央線高尾駅近くの南浅川橋まで続いているが、全線が専用道としてつながっているわけではない。コースは下流側からスタートすると、滝合橋とその上流側の長沼橋間だけ左岸を走るが、それ以外は基本的にすべて右岸にコースを取っている。この間、橋の前後でわずかだけ車道と並走する区間は出てくるにしても、歩行者・自転車専用道となっているのは、起点から一番橋手前、滝合橋から長沼橋間の左岸、湯殿川の栄橋から新浅川橋間、大和田橋手前から暁橋の先、鶴巻橋から終点の南浅川橋まで。

このほか、橋を越えるときに信号で渡るのは一番橋、平山橋、滝合橋、長沼橋の４カ所。八高線は踏切になる。ほかの橋はすべて下を歩行者・自転車専用道となってパスできる。

車道と並走する箇所では、車道わきに舗装を色分けして対応していたり、その区分けがまったくない箇所もある。しかし、全体的に交通量は少ないので、それほど気にしないでも走ることができる。

なお、浅川に架かる橋の数はかなり多く、ひとつ橋を越えてもすぐに次の橋が前方に見える。通過する橋の名前をすべて確認しなくても、全体の距離は短いので大丈夫。それよりも、野鳥のさえずりを聞きながらのんびり走ったほうがいいだろう。

《アクセス》

下流側は、府中四谷橋を起点にするが、ここまでは多摩川のサイクリングロードとつなげて走ってくればいい。鉄道利用なら京王電鉄京王線百草園駅。そのあと、ほとんど京王電鉄京王線、JR中央線が浅川の南側を走っている。終点の南浅川橋から高尾駅までは700mほど。JRと京王高尾線が入っている。

《そのほか》

コンビニエンスストアは浅川沿いは皆無。京王線やJRの駅前に出て探すことになる。トイレもコース中は極めて少ない。

府中四谷橋右岸のサイクリングロードに入ると、間もなく程久保川に架かる玉川橋を渡り、浅川のサイクリングロードに出る。起点の0kmポストが立っている

多摩モノレールが上部を走る新井橋。快適な道で、この先にはアーチが特徴的な万願寺歩道橋も架かっている

休憩ポイント　高幡不動尊

万願寺歩道橋から浅川を離れて左手に走れば京王線高幡不動駅。駅前には不動尊につながる参道がある。関東三不動のひとつ、高幡不動尊は平安時代初期に不動明王を安置したことに始まるといわれる古刹(こさつ)。また、新撰組の土方歳三の菩提寺であり境内ではその銅像が見られる。

滝合橋で左岸に渡り、次の長沼橋で再び右岸へ戻ると、湯殿川沿いの車道に入るが、すぐに栄橋で反対側へ渡ればサイクリングロードが始まる。前方は長沼橋、右手の川は湯殿川

八高線を過ぎて大和田橋手前に来ると、車道を離れ、堤防下へUターンする形でサイクリングロードがつけられている

萩原橋の先では車道と並走するが、交通量は少ない。前方の橋は鶴巻橋。八王子市役所がある

浅川サイクリングロードの終点・南浅川橋に着いた。橋を渡ると陵南公園。武蔵野陵墓地の一角だ。このまま浅川に沿って遡り陵南大橋で甲州街道に出ると高尾駅はすぐ

浅川橋を下から抜けて堤防上の車道を走る。その先、萩原橋手前でまた堤防を下ると歩行者・自転車用の道になるが、未舗装区間もある

サイクリングロードは浅川大橋、暁橋を過ぎて続き、その先でいったん車道と並走するが、浅川橋でまた下をパス

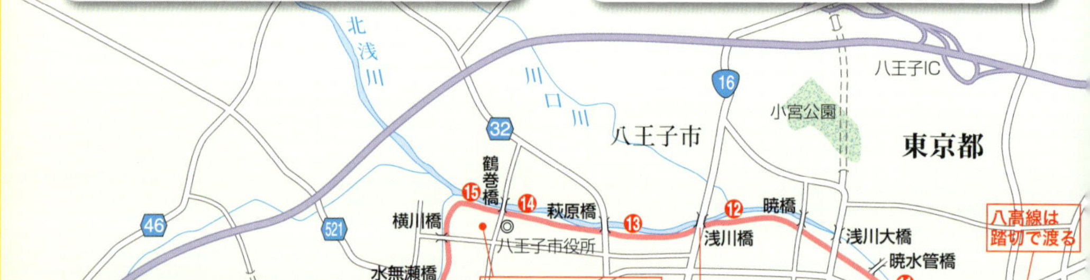

横川橋と水無瀬橋間は車道だが、その後はずっとサイクリングロードが続いている。高尾山とそれに連なる山々を前方に望みながら気持ちのよい道だ

鶴巻橋を下から抜けて八王子市役所の駐車場わきから堤防上に。きれいに整備された道だ

さらに車道を走っていくと滝合橋。ここで左岸へ渡るとすぐに川に沿って専用道が現れる。このあたり、野鳥のさえずりが楽しい道だ

一番橋を過ぎるとサイクリングロードはいったん終わり、やや狭い車道になり前方の平山橋を信号で横断する

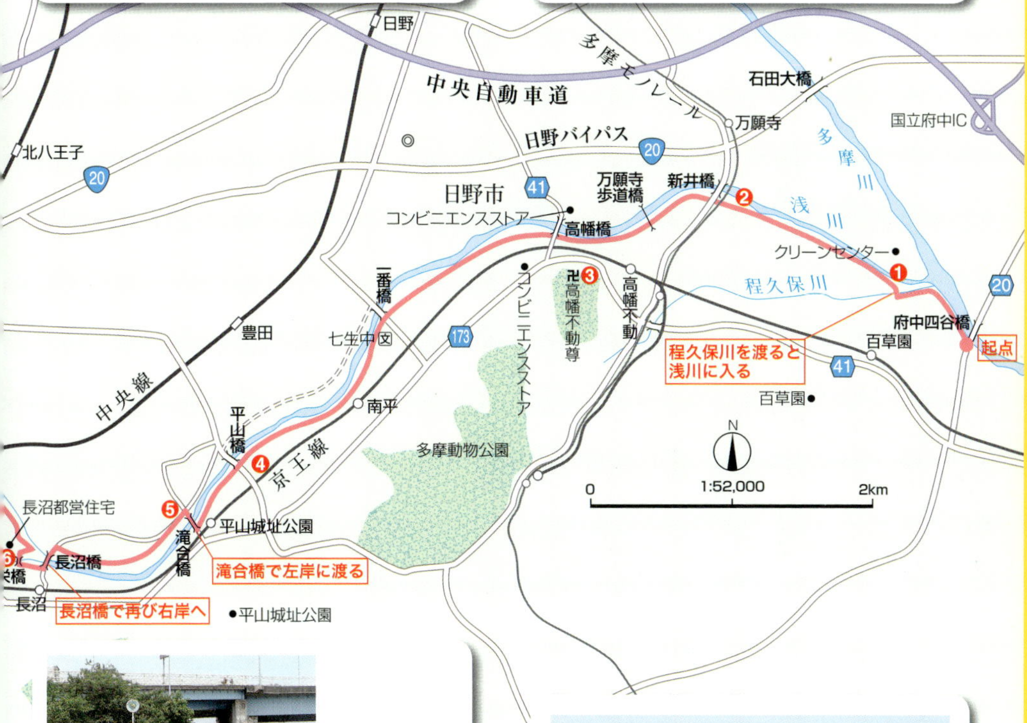

新浅川橋でサイクリングロードはいったん途切れる。橋の下を抜けると車道になり左側に専用レーンが確保されている

八高線は踏切で渡る。単線の八高線はローカル線の雰囲気が漂っている

JR中央線の鉄橋は下から抜ける。さらに、新浅川橋までは快適な道が延びる

09 神奈川県 鶴見川サイクリングロード

町田市上山田に源流を持つ鶴見川は、その後、横浜市北部の田園地帯から鶴見区に入って京浜工業地帯のど真ん中、大黒ふ頭で東京湾に流れ込む一級河川。上流部と下流部で周辺の環境がすっかり変わるのが鶴見川サイクリングロードの特徴だ。

500m間隔で河口からの距離ポストが立っている。距離ポストに描かれたバクは、鶴見川流域がその形に似ていることから。前方は亀の甲橋と新横浜の街並み

DATA

●**エリア**＝川崎市麻生区、横浜市青葉区、都筑区、緑区、港北区、鶴見区、東京都町田市
●**距離**＝約28.9km
●**主な区間距離**＝

川井田人道橋～常盤橋	4.4km
常盤橋～国道246号	3.0km
国道246号～第三京浜	8.8km
第三京浜～新横浜大橋	2.1km
新横浜大橋～大綱橋	5.0km
大綱橋～第二京浜・新鶴見橋	4.7km
新鶴見橋～JR鉄橋手前	0.9km

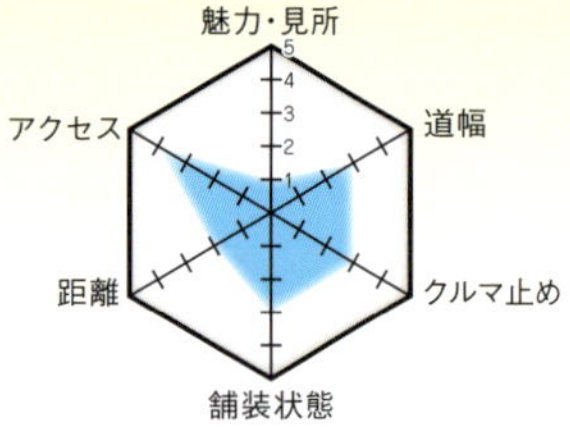

《概　要》

鶴見川は流程約42.5km。水源は東京都町田市。そこからしばらくはのんびりとした流れで、鎌倉街道近くの袋橋から歩行者・自転車専用道はつけられている。

ここで紹介するのは袋橋から約3.5km下流、小田急線鶴川駅すぐそばの川井田人道橋が起点のコース。クルマが並走する区間も少しあるが、それほど気にならない。

常盤橋で「鶴見川青少年サイクリングコース」が鶴見川左岸をスタートする。周囲には畑も広がり、ここが横浜市とはとても思えない景色。しかし途中、雑草が道を覆うように生い茂っていたり、すれ違いが大変そうな狭いところもあって、普通の自転車でゆっくりと走る、そんな道かもしれない。鶴見川青少年サイクリングコースは高架になった第三京浜の下で終わる。しかし、歩行者・自転車専用道は、途中未舗装路も交えて、さらに鶴見川に沿って下流に伸びている。日産スタジアムや新横浜駅周辺のオフィスビル群を右手に見て、鷹野橋人道橋で右岸へ渡り下流へと向かう。工場やマンションなどが密集して建ち並び、新鶴見橋で第二京浜を渡ると終点はすぐ。

《アクセス》

川井田人道橋は小田急線鶴川駅からすぐ。また、鶴川駅前には鶴川街道が小田急線と並走している。さらに途中、東急田園都市線、東急東横線、横浜市営地下鉄が鶴見川を渡っているので、鉄道でのアクセスは便利。終点からはJR京浜東北線鶴見駅まで900m余り。クルマの場合は、新横浜駅周辺で駐車場を探し、往復コースを取ることになる。

《そのほか》

飲み物や食べ物を購入するなら、鶴川駅、東急田園都市線市が尾駅、JR横浜線鴨居駅、新横浜駅、東急東横線綱島駅周辺でコンビニエンスストアを探すことになる。河川敷にはトイレも見当たらず、新横浜公園以外、休憩場所はほぼ皆無。また、下流に行くほど通過するのも難儀なクルマ進入防止柵が頻繁に現れる。

小田急線鶴川駅前から踏切を渡るとすぐに鶴見川に架かる川井田人道橋。ここで右岸へ

麻生橋からしばらく車道になるが、寺家橋手前で車道を離れ鶴見川沿いの未舗装の道に入る。ロードバイクは車道を走っていけば途中で合流する

環状４号の走る常盤橋で左岸に渡ると、すぐに鶴見川青少年サイクリングコースの入口

鶴見川青少年サイクリングコースは第三京浜の橋を抜けるとすぐに終点。しかし、歩行者・自転車専用道はさらに伸びている

第二京浜（国道１号）が走る新鶴見橋は平面交差。このコース中、一番頑丈かもしれないクルマ進入防止柵。ペダルが引っ掛かったような傷がたくさんあった

JRの鉄橋が見えればこのコースの終点。JR京浜東北線鶴見駅は高圧鉄塔の先で右手の道に入って900m余り

休憩ポイント　新横浜公園

第三京浜をくぐり、次の小机大橋を右岸に渡れば新横浜公園。2006年夏、一般に供用も始まった横浜市内最大の運動公園。日産スタジアム、日産フィールド小机を中心に、テニスコート、サッカーグランド、ラグビー場、野球場、レストハウスなどが整備されている。

09 鶴見川サイクリングロード

途中までクルマも走る道。精進場橋から鶴見川自転車道路の案内が現れるが、約2km先の麻生橋で終わる

サイクリングコースは狭く、草も生い茂っている。右手の高架の道は東名高速横浜青葉ICから国道246号への取り付け道路

東名高速道路の下を抜けて、しばらくは左右に畑が広がる田園風景の中を走るが、道が広がってくると前方に鴨池人道橋が見えてくる。橋を渡ればJR横浜線鴨居駅がすぐ

亀の甲橋と日産スタジアム

東急東横線の鉄橋。左へ行くと綱島駅が近い

川幅もぐんと広くなって鷹野橋人道橋で右岸へ渡る

平面交差の鷹野大橋を過ぎて、末吉橋へ。ここは信号がなく、横断するには右手へ100mほど走って上末吉の交差点で渡る

森永橋の先のクルマ進入防止柵。自転車は川沿いのわずかな隙間を抜けるしかない

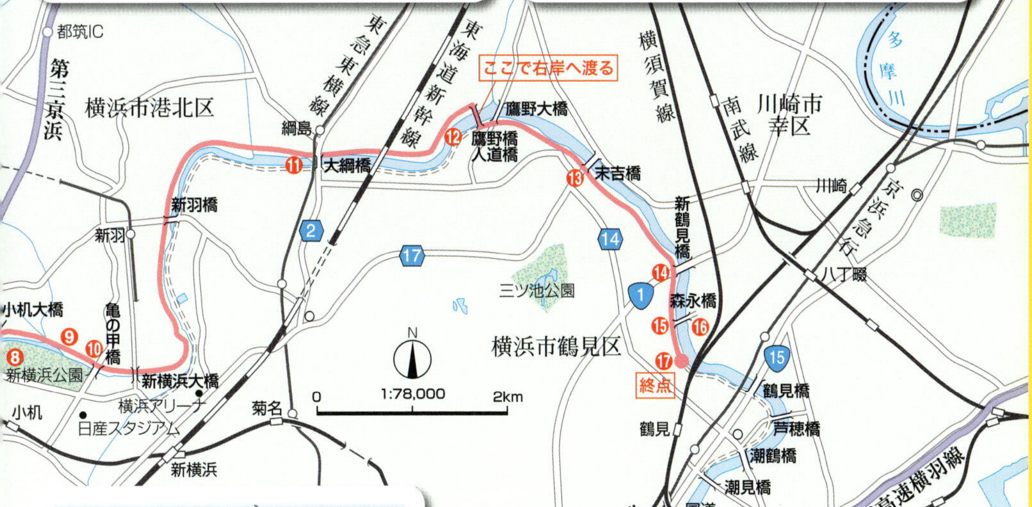

森永橋の下流にある漕艇場の艇庫と下水処理場

10 神奈川県 境川サイクリングロード

境川西岸を走るサイクリングロード。
起点と終点にある主要国道の喧騒が嘘のように、のどかな田園風景が眼前に広がる。
川のせせらぎとマイナスイオンを浴びながらのんびり走るにはもってこいのコースだ。

吊り橋方式を採用する鷺舞橋が見えてきたら行程の３分の２は終了。その先の遊水地情報センターで休憩するのもいい

DATA

●**エリア**＝藤沢市、大和市
●**距離**＝約18.3km
●**主な区間距離**＝

大和橋～東名高速道路下	1.0km
東名高速道路下～境川親水広場	1.7km
境川親水広場～境橋	1.4km
境橋～中原街道	0.6km
中原街道～東海道新幹線	3.0km
東海道新幹線～鷺舞橋	5.5km
鷺舞橋～国道１号	5.1km

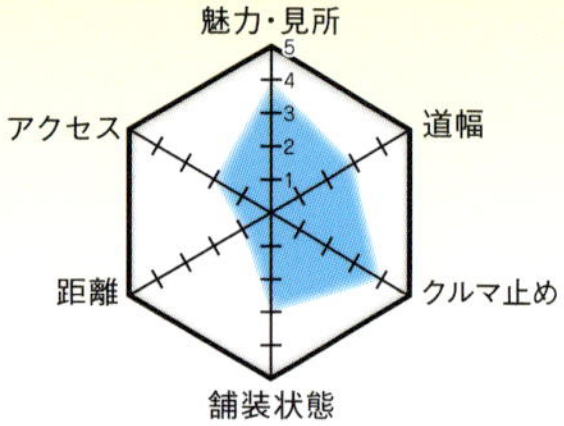

《概　要》

神奈川県の中心を流れる境川の西岸（右岸）を走り、国道246号と国道１号を結ぶサイクリングロード（藤沢大和自転車道線）。終点の国道１号でサイクリングロードはいったん途切れるが、西側に流れている引地川の西岸につないで相模湾に出て江の島へと走るサイクリストが多い。引地川へ続くサイクリングロードを使えば、終点からさらに約８kmで江の島へ到着できる。

境川沿いの道はところどころ未舗装区間があったり、道が途切れたりするので土地勘のない人は地図を持って走るのもいいだろう。

コース幅は下流に向かうほど広く、走りやすくなっている。また、歩行者と自転車のみ通行可能な区間には１kmごとに距離を示す案内板が設置され、北上しても南下しても現在位置まで何km来たのか、分かりやすい。

境川は、大規模河川ではないのでコースを一般道が横切る箇所が非常に多い。生活道路として使われているだけでなく、起点と終点にある主要国道の裏道として使われる道路も多いので、橋梁のそばを通る際には必ず周囲の確認が必要だ。

《アクセス》

小田急江ノ島線が境川の西側をほぼ並走しているが、境川からは距離があり、鉄道でのアクセスはあまりよくない。クルマでのアクセスは、唯一境川遊水地情報センターに駐車場がある程度。しかし、開・閉門の時間が季節によって決められているうえ、大雨、もしくはその直後の増水によって遊水地に水を入れる際には、広場ゾーンにある駐車場が水没してしまう可能性もある。一番便利なのは、自走でのアクセスだ。

《そのほか》

公園等の休憩スペースは特に北側に多くあるが、コンビニエンスストアなどは皆無といってよい。境川遊水地情報センターで飲み物の補給は可能。あるいは、江の島まで足を伸ばして海の幸に舌鼓を打つのもいいだろう。

境川親水広場。川辺まで降りられるようになっている。道の反対側には休憩できるスペースもあり

東海道新幹線の高架下を通過する。新幹線が通過すると、あたりは轟音に包まれる

上和田団地、いちょう団地の中のサイクリングロードは歩道と併設する形で走る

サイクリングロードを覆うように木陰が何度も出現する。日光を遮り、涼を与えてくれるありがたい存在だ

スタートから10kmほど、滝のような形状の堰を発見。水しぶきが沿道まで飛んできてマイナスイオン満点の涼しさだ

小田急江ノ島線湘南台駅へと向かう相鉄いずみ野線(左)と横浜市営地下鉄ブルーライン(右)の高架線。ちょっと離れないと高架上を走る電車を見ることはできない。

休憩ポイント 境川遊水地情報センター

ここまで来ればコースも残り5kmほど、鷺舞橋が見えてくると近い。洪水対策の遊水地をPRする施設。遊水地の敷地を利用して運動公園が設置されるほか、遊水地内のビオトープなどに生息する生物、植物などの展示もしている。サイクリストのためにスタンドが設置され、休憩するのにもぴったり。自販機のソフトドリンクもコーヒーやお茶、スポーツドリンクなど、サイクリストの好みに合うものが多い。エアコンも設置されているので暑い日に涼を取るのにも最適だ。双眼鏡の貸し出しもあり、遊水地に集まってくる野鳥などを展望室から観察できる。

開館時間=8:30～18:00(6月～7月は19:00まで、10月～2月は17:00まで)/無休/入館無料/問合せ=TEL045-805-0223
http://www.kanagawa-park.or.jp/sakaigawa/index.html

10 境川サイクリングロード

❶ 国道246号大和橋の西詰がスタート地点だ。木陰には休憩所もある

❸ ガード下周辺は道が分かりにくい。奥から走ってきて手前右手の線路をくぐる

❹ 境橋の信号を渡るとロータリーが出現。どちらに行けばよいか迷うが、ここは左に進み川沿いをひたすら走る

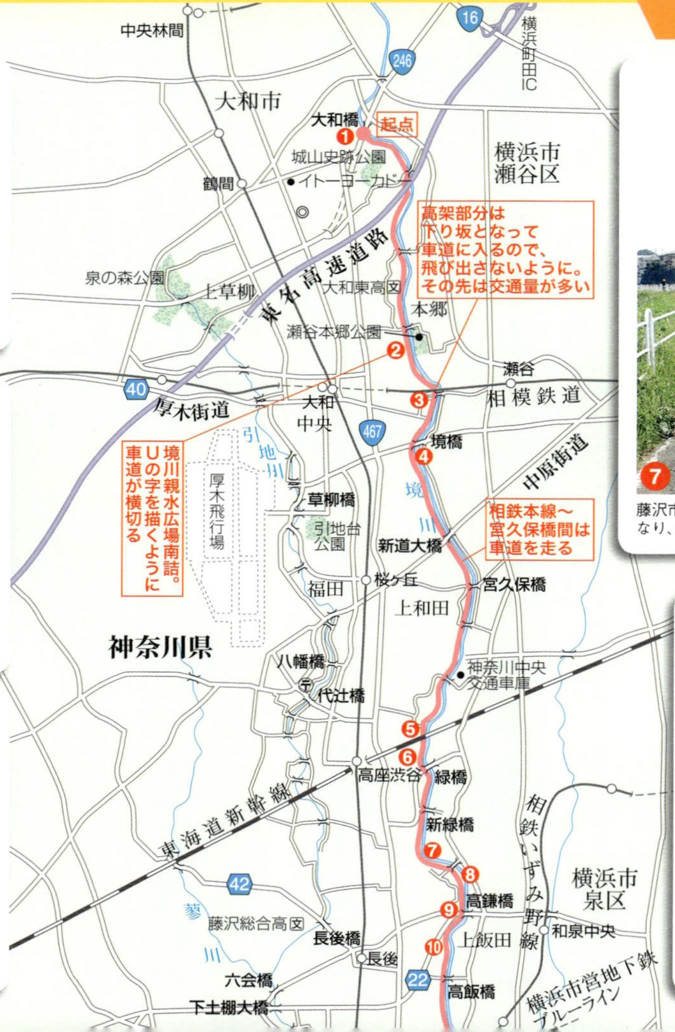

❼ 藤沢市に入り、白いパイプ型の柵が登場すると道幅は格段に広くなり、走りやすくなる。田園風景と住宅地が混ざった光景が広がる

❾ 県道22号高鎌橋の地下道は階段とスロープの併設で降車が必要だ。歩きにくいロードバイク系シューズのライダーは、未舗装の坂を県道へ上って横断するとよいだろう

13 鷺舞橋は境川遊水地に架けられた人道橋。遠くからも目立つので、遊水地情報センターを休憩ポイントにするときは目印になる

15 遊水地情報センターを過ぎると、横浜薬科大学のタワーが見えてくる。以前は閉園した横浜ドリームランドのホテルだった。ここまで来るとゴールも近い

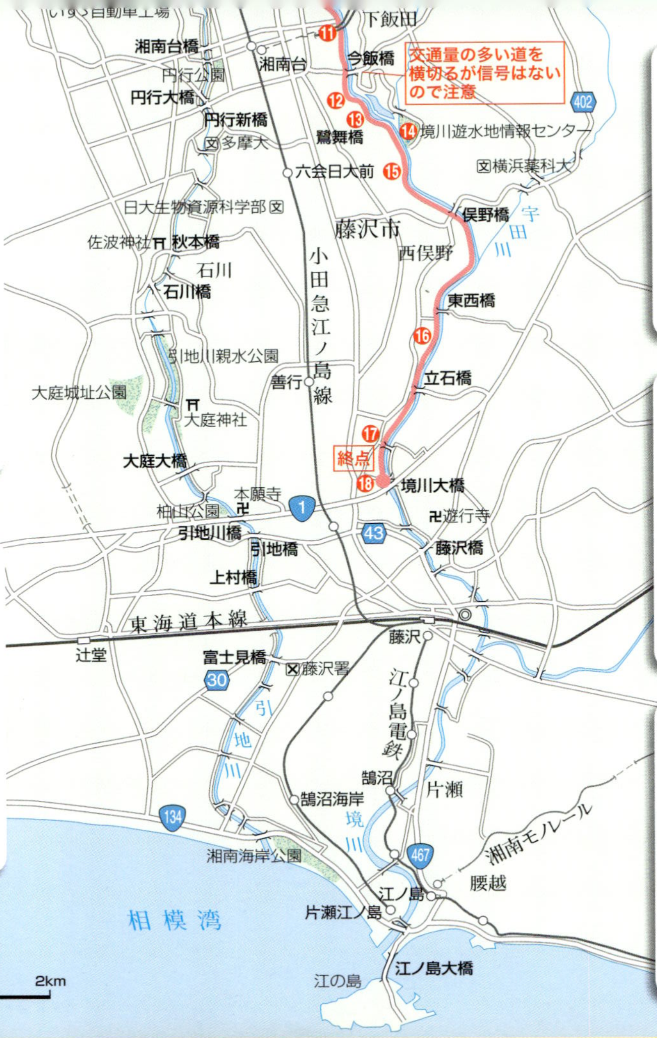

16 トウモロコシとナスが一定間隔で植えられている畑。何か理由があるのだろうが奇妙な光景だ

17 沿道には休憩のためのベンチや東屋などが、ところどころに配置されている。足を休めるサイクリストの姿も

18 目の前に国道1号が見えてきたら終点。左に大清水中が見えるがそれも目印となる

11 千葉県 手賀沼自転車道

トライアスロンやマラソンの大会にも使用されるサイクリングロード。
それだけに景観、路面状況、公園などの周辺環境は秀逸。起点・終点がJRの駅で、
ルート上に多目的駐車場が多数完備されていることから、アクセスがいいのも魅力的。

8 コース上は２車線になっており、沼側は自転車、陸側は歩行者・ランナー優先

DATA

●**エリア**＝印西市、我孫子市、柏市
●**距離**＝約17.5km
●**主な区間距離**＝
JR成田線布佐駅～浅間橋 ……………… 4.1km
浅間橋～手賀曙橋 ………………… 3.1km
手賀曙橋～手賀大橋 ………………… 4.8km
手賀大橋～ヒドリ橋 ………………… 2.0km
ヒドリ橋～柏ふるさと大橋 ………… 1.9km
柏ふるさと大橋～JR常磐線北柏駅 ….. 1.6km

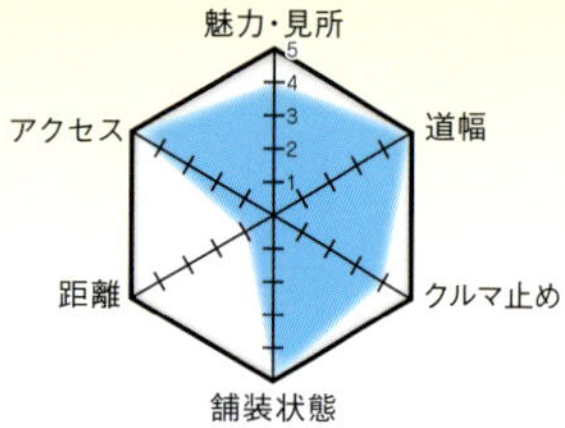

《概　要》

JR成田線布佐（ふさ）駅を起点とし、手賀沼南岸を通ってJR常磐線北柏駅に至る約17.5km。国土交通省による構想では、手賀沼自転車道は利根川と江戸川をつなぐ約30kmのサイクリングロードになる予定だが、手賀沼に流れ込む大堀川の途中から、利根運河に至る市街地コースの整備が進んでいないこともあり、現在、最も親しまれているのが、この手賀沼南岸ルートなのである。

コースは起点から手賀川までの約1.4kmと北柏橋からJR北柏駅までの約400mのみ車道。手賀川は浅間橋まで北岸、その先の手賀曙橋までは北岸南岸どちらでも快適な走行ができる。そして、手賀曙橋からは南岸である。路面の舗装がとてもいい。その上、幅の広い２車線。手賀大橋南詰には道の駅とスーパー銭湯、コンビニエンスストアがあるので、休憩地として最良である。

サイクリングロードが整備されているのは南岸のみだが、北岸には緑の木々に包まれた遊歩道がある。

なお、手賀曙橋、柏ふるさと大橋、北岸の手賀沼ふれあいライン（一般道）を通って沼を一周すると約20kmになる。

《アクセス》

起点・終点が駅なので鉄道によるアクセスは便利。国道は６号、16号、356号がコース近くを通っている。サイクリングロード周辺には公園や緑地がところどころに整備されており、無料の多目的駐車場があるのもクルマで訪れる人には嬉しい環境である。

《そのほか》

手賀沼自転車道は周辺の自転車ショップもよく走行会やイベントなどで利用している。休日などは集団で走っている人たちを見ることもある。

コンビニエンスストアなどは、起点および終点付近の市街地と手賀大橋たもとにしかない。北岸の一般道沿いには数多く点在する。

手賀沼に流れ込む大堀川を行く場合、北柏橋から柏市の東武野田線豊四季（とよしき）駅付近まで約4.5kmに渡ってサイクリングロードが続いている。

起点のJR成田線布佐駅。駅から約500m東に利根川が流れており、土手上にサイクリングロードがある

手賀川に架かる浅間橋。ここまでは左岸、この先は両岸ともに舗装良好。車道のすぐわきに自転車用の橋が架かっている

手賀曙橋南詰にある公園。駐車場は多目的に利用できる。橋の北には手賀沼フィッシングセンター。釣堀やレストランなどがある

手賀曙橋を過ぎて1kmと走らず、再びベンチやステージなどが設置された休憩所あり

多目的駐車場。サイクリング、散歩、釣りなど、さまざまな目的で手賀沼に訪れる人が利用している

大堀川の流れ込みに位置する柏ふるさと公園。トイレ、駐車場、遊具、芝生広場などがある

休憩ポイント　道の駅しょうなん

地産の新鮮な野菜が並ぶ農産物直売所や、近隣の趣味サークルの人たちによる写真や絵画などが展示されるインフォメーションホール、湖を眺めながら中華料理や焼きたてのパンが食べられるレストランなどが設置されている。レンタサイクルは土・日・祝日のみ。一般車のほかキッズサイクルやMTBも用意されている。手賀沼周辺にある６箇所のレンタサイクルステーションならどこでも返却可能だ。

開館時間＝レストラン8:00～21:00、農産物直売所9:00～19:00（９月～３月9:30～18:00）／１月１～３日休館／問合せ＝TEL04-7190-1131
http://www6.ocn.ne.jp/~shonan/

11 手賀沼自転車道

終点のJR常磐線北柏駅。駅の周辺にコンビニエンスストアやファーストフード店がある。駅舎をはさんで国道６号が通っている

北千葉導水ビジターセンター。手賀沼の自然に関する展示や映像シアターなどがあり、見学できる

柏ふるさと大橋。手賀沼に流れ込む大堀川に架かる橋。ゴールのJR北柏駅まで約1.9km

5 手賀川北岸。かつてこのあたりは沼の一部だった。現在の農地は干拓によってできたものだ

2 関枠橋を過ぎ、200mほど進んだところで、写真の橋を渡って左折すると、手賀川の土手

4 手賀川右岸、土手上からは田園風景が一望できる。遮るものがないので、風が吹くとその影響を強く受ける

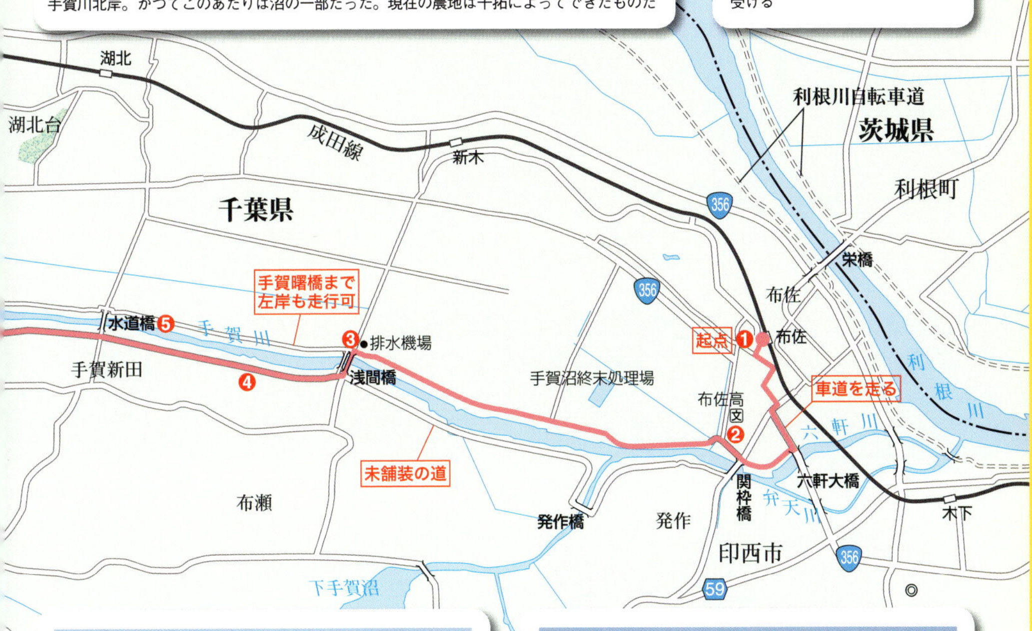

12 大津川の流れ込みに架かるヒドリ橋。たもとに駐車場、トイレ、休憩所、案内板などあり

11 手賀沼の２カ所に設置されている展望台。沼全体を一望できる

12 千葉県 花見川サイクリングロード～印旛沼

千葉市から北上して印旛沼へ向かうサイクリングロードは、水際に広がるのどかな風景を楽しみながら快走できるだけでなく、東京湾岸から利根川へのアクセスにもってこいの道だ。

新川沿いは、ほのぼのとした風景が広がる。自転車道は川の両岸に広がっている

DATA

●**エリア**＝千葉市美浜区、花見川区、八千代市、佐倉市、印旛郡印旛村、本埜村、栄町
●**距離**＝約45.7km
●**主な区間距離**＝
サイクリングセンター～美浜大橋 ･････ 1.2km
美浜大橋～神場公園 ･････････････････ 6.7km
神場公園～弁天橋 ･･･････････････････ 4.9km
弁天橋～村上橋 ･････････････････････ 2.6km
村上橋～八千代橋 ･･･････････････････ 4.1km
八千代橋～オランダ風車 ･････････････ 11.0km
オランダ風車～山田休憩所 ･･･････････ 5.7km
山田休憩所～酒直水門 ･･･････････････ 9.5km

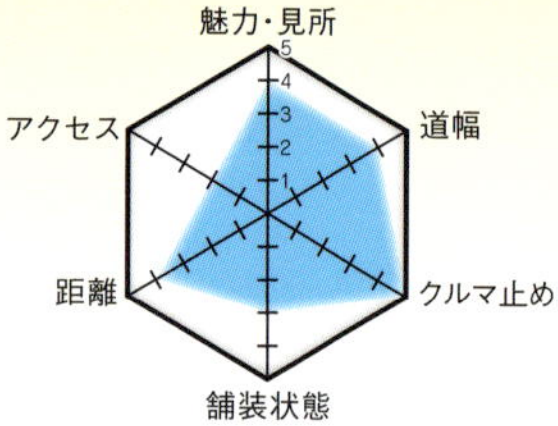

《概　要》

花見川、新川(八千代)、印旛沼と３つのサイクリングロードをつないで走るこのコース、ほぼすべてが川沿いか湖畔のため、坂らしい坂はほとんどないのが特徴。ただし風は吹く。川沿いは風の通り道となりがちだし、湖沼は吹きっさらしである。

花見川サイクリングロードは検見川の浜を起点に弁天橋まで続く。道の案内等は非常に親切で走りやすいが、終盤で未舗装路になるのが唯一最大の難点。しかし、路面はフラットなので、未舗装とはいえ雨上がりでなければ問題なく走れるだろう。

大和田排水機場から上流、新川沿いには左右両岸に自転車道が続く。右岸は終盤未舗装になるので、途中の平戸橋で左岸に渡るようにしたい。

その先、阿宗橋(あそうばし)のたもとから印旛沼自転車道が始まる。西沼と北沼、そしてそれをつなぐ水路を走る。西沼では沼側に堤防がある場所が多く、沼の風景を眺めながら走るという感じにはならないが、逆に風の影響を多少なりとも和らげている。一方北沼側は堤防の上を走るため、風の影響は受けやすいが見晴らしはよい。

《アクセス》

鉄道のアクセスはよくない。起点の最寄り駅はJR京葉線検見川浜駅、終点の最寄り駅はJR成田線安食(あじき)駅。どちらも直結しているわけではないが、幸い途中の道路は走りやすく分かりやすいので、迷うことはないだろう。

コース途中では、東葉高速鉄道の村上駅および八千代中央駅、京成本線京成佐倉駅、京成臼井駅などあるが、いずれもそれなりに離れている。

クルマの場合、検見川浜の駐車場は閉門時間に注意。印旛沼側は山田休憩所、佐倉ふるさと広場、もしくは利根川河川敷に駐車するのがよいだろう。

《そのほか》

現在、サイクリングロードは酒直(さかなお)水門で終点だが、長門川沿いに利根川サイクリングロードまで延長する予定。現状でも一般道を使って利根川へアクセスすることは可能。

スタート地点のサイクリングセンター。ここでレンタルした自転車は7.9km先の神場公園までしか乗ることができない

海岸沿いの道路から出発。ほぼ一直線に花見川河口へ向かう

花見川に入り県道をくぐった先は、いきなりこのように曲がっているので、スピードをコントロールして通過しよう

花見川の対岸には幕張新都心が望める。幕張ベイタウンのマンション群も整然と並んでいる。このような「街」の風景を見るのは、ここで最後である

一見どちらに行ったらよいか分かりにくいところには、このように標識が立っているので、安心して走ることができる

花見川サイクリングロードでは、ポイントごとにサイクリングセンターからの距離が表示されている

突然現れる花島公園。広々とした芝生が広がる。この公園にはトイレと自動販売機があるので小休止するには最適

ちょっとノスタルジックな雰囲気が味わえる花島橋

12 花見川サイクリングロード～印旛沼

赤い鉄のアーチが特徴的な弁天橋が現れたら対岸に渡り、しばらく一般道を走る

弁天橋を渡らずに真っ直ぐ進むと元池弁天宮がある。もともとあった場所は、今では川の底ということだ

新川自転車道の起点となっている村上橋。橋の途中にはブロンズ像が2体建っている。橋の欄干の魚の装飾も凝っている

新川の右岸を走ってきた場合は平戸橋で対岸に渡る。右岸は、この先印旛沼へ向かう道がダートになってしまう

新川から印旛沼にかけての一帯は田んぼが広がっている。季節によって変わる水田の風景を楽しみながら走りたい

阿宗橋を横切ると、そこから印旛沼自転車道が始まる。標識のとおり「県道406号八千代印旛栄自転車道線」が正式名称だ

コースには100mおきに距離表示がある。高速道路並みにはっきりしていて、非常に分かりやすい

佐倉ふるさと広場の風車はこのコース随一のランドマーク。オランダから分解した風車を持ち込みここで組み上げた。休憩所ではドリンク類、お菓子などの補給食を入手できる

21 コース上には、佐倉ふるさと広場や山田休憩所までの距離を示した案内板がところどころに埋め込まれている

23 山田休憩所のシンボルにもなっているのはゾウ。なんでこんなところに、と思うかもしれないが、実はこの先の水路のわきで、ナウマンゾウの化石が発見されたのだ

24 双子橋を渡り、その下を流れる水路沿いに印旛沼(北沼)へ向かう

25 広々とした沼地から、細長く続く印旛捷水路沿いの道に入る。うっそうとした雑木林の小山の間を水路は流れる

27 再び沼地となる北沼周辺は広々とした穀倉地帯が続いている

28 酒直水門で自転車道は終わり。ここから先はこの長門川とつかず離れずで利根川へ抜けることは可能だ。将来的には自転車道が利根川まで到達する予定だ

休憩ポイント　名物のウナギを味わう

新川から印旛沼にかけて「川魚料理」の幟を目にすることが多い。川魚料理といえば、鯉、フナ、そして何よりもウナギだ。もともと利根川から印旛沼、手賀沼あたりではウナギが生息しており、そのためウナギ料理を出す店は多かった。最近では、天然ものは少なくなり、養殖もの、そして多くは輸入ものとなったものの、ウナギ料理を出す店は印旛沼周囲の佐倉、成田、臼井周辺に数多く残っている。

26 頭上を通る橋は印旛沼周辺を走る道路が、水路部分を越えるためのもの

22 金メダルジョギングロードと名づけられたコースがふたつ、尚子コースと裕子コース。もちろん、高橋尚子さん有森裕子さんがここでトレーニングをしたことから、そう名づけられた

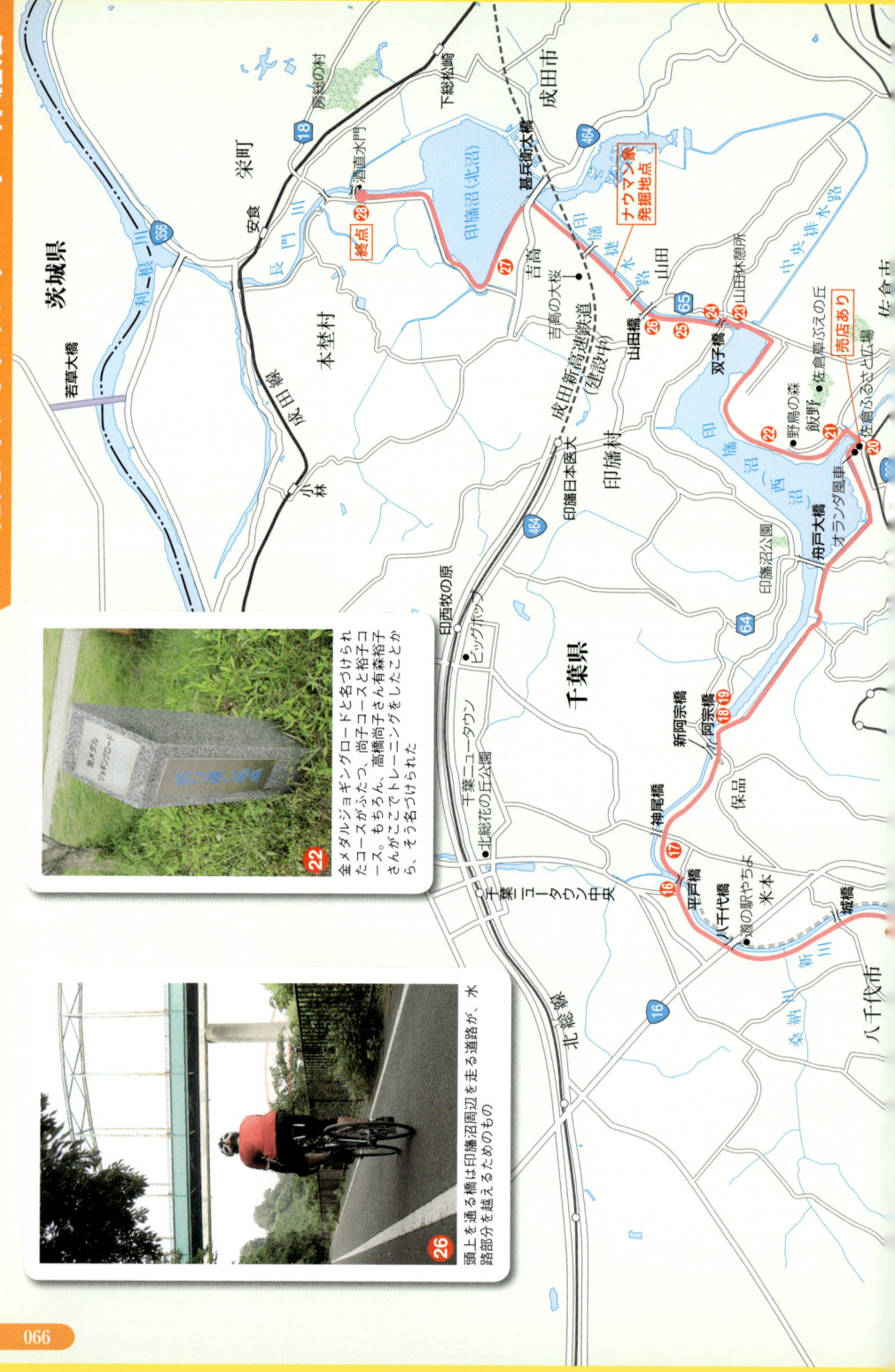

8 京葉道路の下をくぐると、一気に人里離れた田舎の風景に変わる。しかし実は、サイクリングロードから一歩離れると普通に住宅地が広がっていたり、工業団地があったりするのだ

3 海岸沿いの道路は一段高いところが歩行者用。自転車は一段低い陸側を走ることになる。ところどころにこのような標識があるので分かりやすい

13 大和田排水機場。河口から伸びる花見川の水位は、その上流の新川の水位より高い。印旛沼が増水したときには、新川の水を花見川にポンプで送ることで、増水した水を東京湾へ流す

13 千葉県 太平洋岸自転車道

千葉県の房総半島から和歌山県の紀伊半島にかけて構想された総延長約1200kmの太平洋岸自転車道。途切れ途切れで各地に整備されているが、そのひとつがここ。九十九里町からいすみ市までの約33kmは、波音と潮の香りが漂うビーチライン。

夷隅川河口、和泉浦海岸。シュロが南国の雰囲気をかもし出している。サイクリングロードのすぐわきは砂浜

DATA

●**エリア**＝九十九里町、大網白里町、白子町、長生村、一宮町、いすみ市
●**距離**＝約33.0km
●**主な区間距離**＝

片貝海岸交差点～真亀IC	3.5km
真亀IC～白里海岸入口交差点	1.8km
白里海岸入口交差点～南白亀川	4.3km
南白亀川～長生IC	4.2km
長生IC～新一宮大橋	3.5km
新一宮大橋～東浪見交差点	5.8km
東浪見交差点～江東橋	4.3km
江東橋～塩田川終点	5.6km

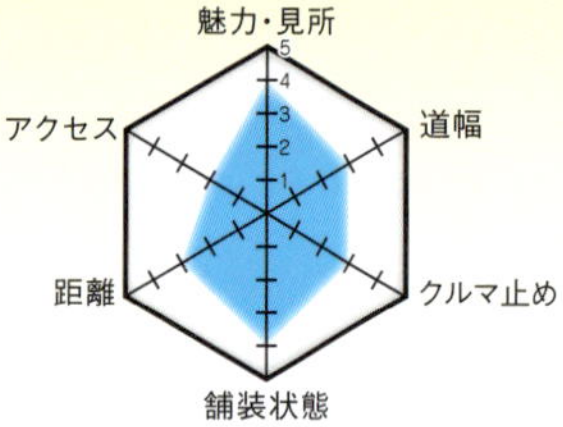

《概　要》

外房に整備された太平洋岸自転車道は、ふたつの路線から成っている。ひとつは旭市飯岡を起点とし、九十九里町片貝に至る飯岡九十九里自転車道線。もうひとつはその終点からいすみ市大原まで延びる九十九里一宮大原自転車道線である。２路線の総延長は約67.6km。そのうちここで紹介しているのは、後者の約33kmのサイクリングロードである。

起点となる九十九里町片貝海岸交差点から白子町までは、車道に並走する自転車通行可の歩道を走る。その後、南白亀川（なばきがわ）の河口付近でサイクリングロードは車道と分離され専用道となり、一宮町に入ると、再び車道と並走する。そして、県道30号から国道128号に合流し、いすみ市に入ったところで、整備の行き届いた自転車道は途切れ、車道走行となる。その区間が約3.6km。夷隅川（いすみがわ）に架かる江東橋から先は海岸沿いの専用道である。ところが、この後半の海岸沿いの道は、風で運ばれた砂によってコースがところどころ埋もれていたりする。そうなると、もう自転車で走ることはできない。押していくしかない。それがあまりにひどいときは車道に出たほうがいいだろう。

《アクセス》

起点の片貝海岸は、近隣に鉄道の駅がない。最も近い駅はJR東金線東金駅だが、約９km離れている。起点に近いのは九十九里道路。この自動車専用道路は東金九十九里道路から、一部一般道を経て千葉東金道路へと続いている。終点はJR外房線大原駅、および国道128号、465号に近い。都心から距離があり、また交通網がそれほど整っていないため、けっしてアクセスしやすいとはいえないが、太平洋岸自転車道には、遠方から訪れるにも十分魅力的な太平洋の光景が広がっている。

《そのほか》

車道との並走区間が長いためコンビニエンスストアやレストランなどは、すぐに見つけることができる。サーフショップや魚貝料理の店が並ぶのは、海ならではである。

片貝海岸。駐車場やトイレがある。県道30号の片貝海岸交差点がサイクリングロードの起点となる

県道30号に並走する歩道がサイクリングロード。クルマの進入をきっぱりと拒んでいるのがよく分かるクルマ止めの数である

国民宿舎サンライズ九十九里。太平洋一望の展望風呂や室内温水プール、テニスコートなどを備えた宿泊施設

南白亀川河口。それまで、車道と並走してきた歩道はここから独立したサイクリングロードとなる

県立九十九里自然公園。砂浜の海岸、テニスコート、トイレ、駐車場、芝生広場、休憩所などがある

長生IC付近。サイクリングロードのすぐわきを走るのは九十九里道路。海側は防風林となっている。路面は良好

長生ICを過ぎたところで、サイクリングロードは九十九里道路の西へ移る。一ノ宮川の河口から広がる入り江に沿って走る

一宮町に入って間もなく、九十九里道路料金所付近で陸橋を渡る

一ノ宮川に架かる新一宮大橋を渡り、写真の交差点を直進する

県道30号と国道128号が交わる東浪見(とらみ)交差点。数百m先から路肩走行になる

休憩ポイント　九十九里岬ドライブイン

アジ、イワシ、カンパチなどの新鮮な魚貝を使った料理が味わえるレストランのほか、軽食や土産物の販売もしている。昼食など休憩をとるには最良だ。太東海水浴場が近く、レストランの窓からは海が一望。国道128号沿いにある。

営業時間＝9:00〜18:00／無休／問合せ＝TEL0475-42-3438
http://9dora.com/

いすみ市に入る。この区間はサイクリングロードといっても、車道走行になる

塩田川の河口、大原海岸。砂浜のビーチが広がっており、駐車場、トイレ、休憩所などあり

13
夷隅川に架かる江東橋。橋を渡ったところで左折する。その先は、再び独立したサイクリングロードとなる

15
砂に埋もれたサイクリングロード。時によってこのような箇所が少なくない。こうなるともう自転車では走れない

17
サイクリングロードの終点は塩田川を河口の汐入橋から約350m遡った国道128号との交差点である

14 埼玉県 入間川サイクリングロード

荒川サイクリングロードから枝分かれして、小江戸川越の周辺を回って入間へ向かう、荒川水系最大の支流入間川。流れを見ながら走るよく整備されたサイクリングロードは、軽く走るのにはもってこいの距離も魅力。

11 東武東上線とJR川越線の鉄橋を続けてくぐる。この時点で川越市の周りをぐるっと半周した形になる

DATA

●**エリア**＝川越市、狭山市
●**距離**＝約22.6km
●**主な区間距離**＝

入間大橋～出丸橋	3.0km
出丸橋～落合橋	3.6km
落合橋～雁見橋	3.3km
雁見橋～狭山大橋	8.6km
狭山大橋～昭代橋	1.4km
昭代橋～新富士見橋	0.5km
新富士見橋～豊水橋	2.2km

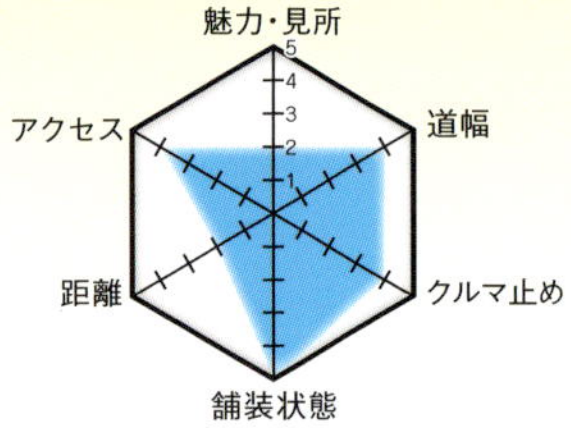

《概　要》

荒川サイクリングロードと接する入間大橋が起点のサイクリングロード。そこから約23km、入間市豊水橋まで入間川沿いを遡る。前半は川の右岸を、ほぼ中間地点から先は左岸を走っていくが、コース全般を通して案内が非常に分かりやすく出ており、路面の舗装状況も良好。コース前半、入間川右岸を走るときは、堤防内側（街側）法面の中間に道が作られている。堤防最上部にも道はあり、川を眺めるにはそちらの方がよいのかもしれないが、堤防内側は風の影響を受けにくく、街側の風景がよく見えるので不満はない。

橋を越える際には堤防を越えて河川敷に降りてくぐる場合が多いが、堤防上に上がって道路を直接渡るところもあるので、その場合はクルマに十分注意をする必要がある。

初雁橋を過ぎて川の左岸に渡ってからは、河川敷（堤防の外側＝川のわき）を走る場合がある。橋は立体交差となっている場所がほとんどであり、車道と交差することはないので、安全に走ることができるだろう。適度な距離や、荒川サイクリングロードにつながっていることなどから、利用者は多い。また、散歩をしたり、日常の生活道路として徒歩や自転車で利用する人もいるので、通行には気をつけたい。

《アクセス》

入間大橋へのアクセスは、お世辞にもよいとはいえないが、川越市内からもそれほど離れているわけではないので、川越市内観光をしながら川越城址方面、伊佐沼と走れば、あまり苦労することなく到達できる。そこから川沿いを走ればよい。豊水橋から西武池袋線入間市駅までのアクセスは悪くない。

クルマの場合は川越運動公園の駐車場が便利だ。

《そのほか》

補給ポイントは、サイクリングロードと交差する橋を通る道沿いに走ると、たいていの場合500m以内にコンビニエンスストアなどが現れる。ただし、入間大橋、平塚橋、雁見橋、昭代橋からは、ちょっと離れている。

スタート地点は入間大橋の東詰。南北には荒川サイクリングロードが走っている。入間大橋を渡りきると右折。路面には自転車と矢印の表示が分かりやすい。このサイクリングロード、全線に渡って親切な表示が続く

右折すると堤防の内側(川とは反対側)の法面中腹に自転車道が作られている。堤防の上は舗装されていないところが多い

ここでは入間川サイクリングロードと紹介しているが、「川越狭山自転車道」とも呼ばれる。舗装面は全体的によい。途中、舗装の古いところもあるが、それでも十分及第点だ

川越工業団地が近づいてくる。街中に分散していた工場を一箇所にまとめるため、昭和56年(1971)に完成。業種もさまざま

最初に交差する釘無橋の下をくぐる。道路は川越から桶川市、菖蒲町を通って鷲宮町へと続く県道12号

地蔵や庚申等などをよく見かける。川を背にしていることが多いが、このお地蔵様は川上を向いて立っている

交差する２本目の橋、落合橋をくぐったあと、いったん堤防上に上がる。堤防の上のほうが開放感があるが、それだけ風の影響は受けやすい

川越橋の先で河川敷に降りたら、ユーモラスなお地蔵様が迎えてくれる

14 入間川サイクリングロード

対岸に渡ると堤防の内外にかかわらず、堤防下を走ることが多くなる。周囲も住宅街になり、コース周辺の緑が増えたように感じる

安比奈親水公園の間を走っていると赤い給水橋が目の前に見えてくる

とんがり屋根の建物は西武文理大学。しかし、文理学部(および文学部・理学部)はなく西武グループとも関係がない。中・高・短大が併設されている

生垣のわきを走り抜けて、いるまがわ大橋へ向かう。ここは、橋のスロープ下のトンネルをくぐる。

本富士見橋を過ぎたら見えてくる堰が田島屋堰。この堰をはさんだ対岸には(写真左の木の奥あたり)浄水場があり、付近の水道水用に伏流水を処理している

豊水橋の手前にゴールの標識と路上のペイントがある。橋は大正9年(1920)に初代、昭和4年(1929)に2代目、平成15年(2003)に現在の3代目が架橋された

休憩ポイント 川越の町

入間川は川越の市街地の周りを半周しているが、市街地に最も近い雁見橋からは2.5kmほどで街の中心部に出ることができる。「小江戸」と呼ばれる川越は、明治期に入って耐火のために建てられた蔵造りの家並みが残る一番街、ランドマークとなっている時の鐘のほか、「とおりゃんせ」の歌の舞台といわれている三芳野神社、五百羅漢や徳川家光誕生の間のある喜多院など、観光名所が徒歩圏内に凝縮されている。見どころ盛りだくさんだ。

「海まで○km」の表示がところどころにある。これは荒川河口からの距離を示している。また、コース上には途絶えることなく距離表示も続いている

路面のところどころにコース周辺の名物をモチーフにしたタイルが埋め込まれている

JR川越線の鉄橋の先で初雁橋を渡る。サイクリングロード上で橋を渡るのは出発時の入間大橋と、この初雁橋だけだ。コース上でもほぼ中間地点に近いので、距離の目安にもなるだろう

狭山大橋をくぐると左手にカルフールの看板が見えてくる。手前にあるのは上奥富用水堰。ここから分かれた水の一部は、赤間川となり新河岸川に合流する

15 埼玉県 緑のヘルシーロード

見沼代用水沿いに整備されている緑のヘルシーロード。大きな川に沿って長距離を走るサイクリングロードとは異なり、埼玉県をほぼ縦断する、風景の移り変わりも楽しめるルートだ。

9 上流部分は川幅が広いため、周囲を広々と見渡すことができ、ゆったりとした気分で走ることができる

DATA

●**エリア**＝行田市、鴻巣市、北埼玉郡騎西町、南埼玉郡菖蒲町、白岡町、蓮田市、上尾市、さいたま市見沼区、緑区、川口市

●**距離**＝約54.0km

●**主な区間距離**＝

利根大堰～山王橋	11.4km
山王橋～東北新幹線	17.0km
東北新幹線～東武野田線	9.0km
東武野田線～新見沼大橋	7.5km
新見沼大橋～JR武蔵野線	3.8km
JR武蔵野線～外環自動車道	2.6km
外環自動車道～浦寺橋	2.7km

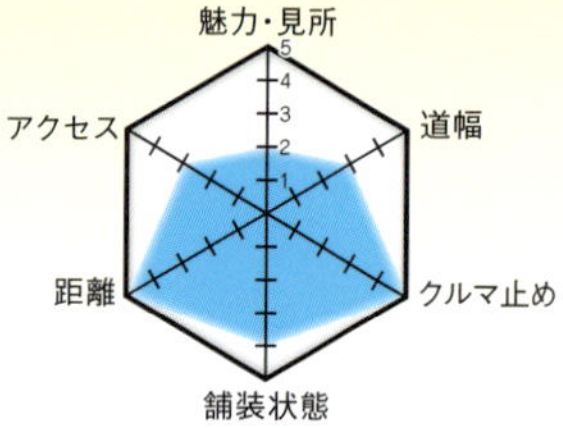

《概　要》

見沼代用水は江戸時代に新田開発のために造られた灌漑農業用水。灌漑用溜池「見沼」溜井の「代」わりの「用水」である。利根大堰より取水し、埼玉県をほぼ縦断するが、途中、瓦葺(かわらぶき)で見沼代用水は東縁と西縁に分かれる。ここで紹介する緑のヘルシーロードは、利根川の取水口近くから見沼代用水東縁の下流、川口市まで整備されたもので、起点の利根大堰から終点の川口市グリーンセンターの南、浦寺橋までの約54kmを、水の流れとともに下っていく。

埼玉県をほぼ縦に真っ直ぐ下りてくるこのルート、コース前半はのどかな田園地帯が続き、次第に住宅地が増えていく様子が手に取るように分かり、興味深い。これといって見どころのあるルートではないが、生活感あふれる路地裏を走るような感覚は、大きな河川沿いなどのサイクリングロードでは味わうことはできない。

また途中、用水と河川が立体交差をするなど、関東平野の治水は人の手で行われたという歴史を目の当たりにできるのも、このコースの魅力だといえる。特に治水に興味がなくても、水路の立体交差というのは、多少の驚きを持って見ることができるに違いない。

《アクセス》

起点は利根大堰。最も簡単にアクセスできるのは、秩父鉄道武州荒木駅。駅から西へ500mで緑のヘルシーロード上に出る。利根大堰へは、そこから3km戻ることになる。終点は、東側800mのところに埼玉高速鉄道新井宿駅がある。クルマの場合、利根大堰付近の河川敷や導水路横に駐車場がある。終点側はグリーンセンターの駐車場があるが、閉園時刻が早い(17:00)ので、時間管理が必要。

《そのほか》

特に見沼代用水東縁沿いの道でいえることだが、狭くて鬱蒼としたサイクリングロードの対岸に、広々として走りやすそうな一般道がある場所が多々ある。どちらを走るかは、その日の気分で。

起点は利根大堰や利根導水路を管理する水資源機構の利根導水管理事業所から道を隔てた南側。最初、横を流れるのは見沼代用水ではなく、さらに上流から取水される北河原用水からの流れ

ところどころに現在地と利根大堰までの距離、瓦葺(かわらぶき)分岐点もしくは川口市グリーンセンターまでの距離が書かれたプレートが埋められている

起点から約650mで見沼代用水が横に現れ、そこからしばらくは広々とした風景の中を走り続ける

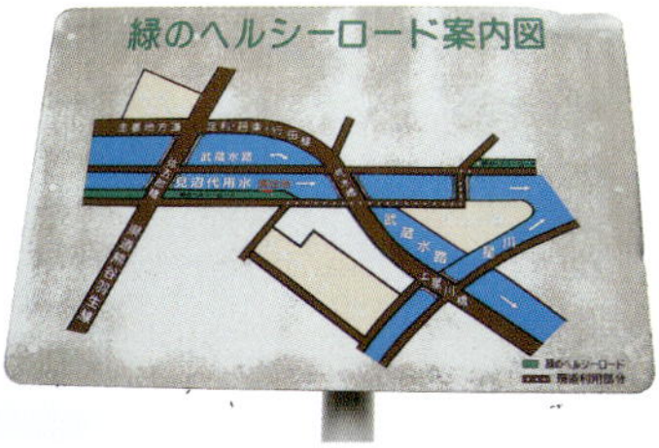

分かりにくいポイントには案内があり、非常にありがたい。ただし、風化のためか肝心のサイクリングロードの色が消えていることがある。ちなみにこの場所、武蔵用水が見沼代用水の下を潜って反対側に流れていく

休憩ポイント 利根大堰

利根大堰の真下にある大堰自然の観察室。地下に潜ると、魚道を鮭だけでなくコイやフナなどの魚が行き来するのを見ることができる。開館時間＝8:30〜16:30

利根導水総合事業所の北隣にある見沼記念碑。見沼代用水の元圦(取水口)があった場所が公園となっている。記念碑に並び真ん中には弁財天がある

サイクリングロードの起点にある取水堰。ここで取水された水は見沼代用水のほか武蔵水路、埼玉用水路(下流に葛西用水路)へ導かれ、埼玉・東京の上水道や農地に水を供給する。堰には鮭などの行き来を助けるための魚道が作られているが、河川敷にある大堰自然の観察室では、魚道の様子をじかに見ることができる。利根大堰があるのは、利根川の河口から154kmの地点だが、そこに700mの堰が造られている。

見沼代用水は上流で星川に合流、菖蒲町で分流する

最初に交差する鉄道は秩父鉄道。最寄りの駅・秩父鉄道武州荒木駅はこの踏切の左側にある

山王橋から境橋の間は「ふれあいウォーキングコース」と名づけられている

山王橋のすぐ下から東へ向けて騎西領中須用水が分岐、用水沿いは水と緑のふれあいロードとして整備

ガードレールのデザインに注目！　緑の自転車がモチーフになっている

星川と見沼代用水が分流する。星川側には十六間堰、見沼代用水側には八間堰が設けられた

水門を通して田植え用の水が田に満たされる。見沼代用水の水は今でもこのように灌漑用に使われている

瓦葺で見沼代用水は見沼代用水東縁と見沼代用水西縁に分かれる。ここからそれぞれが、もとあった見沼溜井の縁に沿うように流れる

19

地元の子供たちも気軽に利用している、生活感溢れるサイクリングロードだ

20

弁財天は水の神。見沼代用水を開発した井沢弥惣兵衛は各所に弁財天を祭ったという

21

2本並んだ煙突がランドマークになっているクリーンセンター大崎。焼却施設は一日に最大7000kWの発電ができるほか、隣接する見沼ヘルシーランドや大崎園芸植物園に熱源を供給している

22

大崎公園は子供動物園や園芸植物園等もある公園。見沼代用水沿いには、このほかにも見沼自然公園や七里総合公園、川口自然公園などがある

23

東沼神社は鎌倉末期から江戸初期の浅間神社として創立されたが、明治期に近隣の神社が合社し、東沼神社と改称した

24

見沼通船堀は、水位の異なる見沼代用水と芝川との間に船を通すための閘門式の運河。毎年8月に復元された閘門を使って通船の実演が行われている。問合せ＝緑区役所区民生活部コミュニティ課TEL048-712-1130

25

外環自動車道の風防つき高架が見えてくると、ヘルシーロードもそろそろ終盤

27

道路には川口市グリーンセンターまでの距離が書かれていたが、実際の終点はそこからさらに南下した浦寺橋となる

二つ目の堰を越えたあと、細い路地が30mほど続く

取材時期はちょうど田植えのシーズンだったため、このような風景に出会いながら走ることができた

17 目に飛び込んでくる「冠水注意」の案内板。左に流れる見沼代用水の水面の高さを見ると、ふだん走っている高さが水面とほぼ同じ（取材時）。そこから低いところは冠水の危険があるのは明らかだ

26 ゴールに近づいても、びっくりするような「都会のシングルトラック」に遭遇する。対岸に走りやすい一般道があるので、気分で選択すればよいだろう

16 群馬県 高崎伊勢崎自転車道

高崎伊勢崎自転車道は、大小さまざまなコースに接続する群馬県の中心的なサイクリングロード。利根川へ、広瀬川へ、神流川へ。ここからサイクリングロードは県内各地に広がっていくのである。

群馬の森の園内を走る。サイクリングロードは木柵によって緑地や芝生広場と隔てられており、歩行者に配慮されている

DATA

●**エリア**＝高崎市、藤岡市、玉村町、伊勢崎市
●**距離**＝約45.3km
●**主な区間距離**＝

浜尻大橋～町田橋	1.9km
町田橋～群馬の森	7.5km
群馬の森～柳瀬橋	2.4km
柳瀬橋～岩倉橋	4.4km
岩倉橋～五料橋	8.6km
五料橋～中島橋	10.3km
中島橋～豊受橋	4.6km
豊受橋～新開橋	5.6km

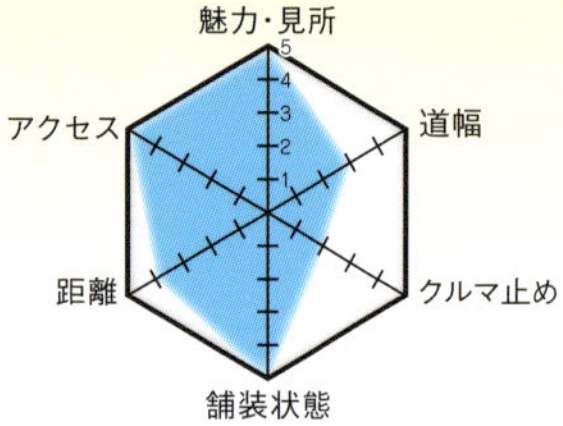

《概　要》

群馬県の中心都市である高崎市、伊勢崎市などを流れる川に沿うサイクリングロード。起点は井野川に架かる浜尻大橋左岸。約1.9km先の町田橋で右岸となり、そこから約7.5kmで群馬の森に入る。群馬の森は美術館や歴史博物館のある面積約26haの広大な公園で、サイクリングロードは、その園内を通っている。群馬の森を抜けると約600m車道になり、烏川に架かる柳瀬橋に至る。烏川は岩倉橋までが右岸で、そこから先は左岸。利根川合流後、間もなく五料橋を渡ると、坂東大橋まで利根川自転車道との共用区間となる。そして、広瀬川の流れ込みに至ったら、右岸を上流へと走る。広瀬川では豊受橋と光円橋の間のみ左岸となる。終点は新開橋。

高崎伊勢崎自転車道は、県内を流れる４つの川をつないでおり、起点、終点からは名前を変えた別のサイクリングロードが延びている。さらに途中では利根川自転車道や烏川・神流川（かんながわ）自転車道にもアクセスできるので、コースをさまざまにアレンジして走ることができるのだ。

《アクセス》

JR上越線井野駅から起点の浜尻大橋まで約800m。終点はJR両毛線および東武伊勢崎線伊勢崎駅から約１km。さらにサイクリングロードは終始、鉄道の線路に沿っているので、アプローチはどこからでも可能だ。

クルマの場合、起点・終点の近くに国道17号が通っているほか、関越自動車道、北関東自動車道のICも近い。

《そのほか》

井野川や広瀬川は周辺に住宅地や学校などが点在することから、サイクリングロードは住民の生活道路としても広く活用されている。一方、烏川および利根川は規模の大きな川で、河川敷には公園や緑地が広がり、道幅も広い。そのため、スポーツやレジャーを目的として利用する人が多いようである。都市部のサイクリングロードだけに、コースを外れれば、ほぼ周囲１km内にスーパーマーケットやコンビニエンスストアを見つけることができる。

浜尻大橋。左岸が起点となる。なお、これより上流には約6kmにわたって井野川自転車道が延びている

町田橋で右岸に渡る。橋の欄干を叩くと音を奏でるメロディーブリッジになっている

上川原公園。町田橋から約3.5km。サイクリングロードに隣接し、トイレ、水道、ベンチなどあり

休憩ポイント 県立歴史博物館、県立近代美術館

群馬の森の園内にある博物館と美術館。歴史博物館では原始から近世にかけての群馬の歴史に関する常設展示があるほか、さまざまな企画展を実施している。近代美術館では群馬県ゆかりの作家による作品や日本の近代美術、海外の近代美術などの展示がある。

県立歴史博物館／開館時間＝9:30～17:00／月曜（祝日の場合は翌日）休館／入館料＝200円（常設展示）／問合せ＝TEL027-346-5522
http://www.grekisi.gsn.ed.jp/
県立近代美術館／開館時間＝9:30～17:00／月曜（祝日の場合は翌日）休館／入館料＝300円（常設展示）／問合せ＝TEL027-346-5560
http://www.mmag.gsn.ed.jp/

柳瀬橋で烏川を渡る。車道のわきに歩行者・自転車用の橋が架かっている

烏川左岸。河川敷にあるふたつのゴルフ場の間を縫って走る。コース頭上にボール除けのネットが張ってある

広瀬川の流れ込みにトイレ、ベンチ、駐車場、案内板などが設置された休憩所がある

子供のもり公園。トイレやベンチ、水道がある。たくさんの遊具が設置されており、子どもに人気の公園

16 高崎伊勢崎自転車道

烏川と利根川の合流地点。利根川が太平洋に注ぐ千葉県銚子市の河口から184kmとのこと

烏川右岸。榛名山とその周辺の山々を背景に川を下っていく。山と川は群馬の典型的な風景

岩倉橋。ここで烏川を右岸から左岸へ渡る。右岸を直進すると烏川・神流川自転車道につながる

利根川に架かる坂東大橋。そのまま直進する。右岸に渡ると利根川自転車道が下流に続いている

伊勢崎市内、広瀬川右岸を終点に向かって走る。利根川や烏川に比べると規模の小さな川である

終点の新開橋のたもとに設置された、まちかどステーション広瀬。トイレや自販機あり

17 群馬県 桃ノ木川・広瀬川サイクリングロード

桃ノ木川と広瀬川は都市部を流れていながら喧騒を感じさせないのどかな雰囲気の川。河原は緑で溢れ、四季折々の花が咲き、虫たちが舞い、鳥の涼やかな鳴き声が響く。大河川とは、また違う素朴さを感じられるサイクリングロードだ。

広瀬川の土手を走る。終点に近づくにつれて川の周辺が賑やかになってくる

DATA

●**エリア**＝前橋市、伊勢崎市
●**距離**＝約17.9km
●**主な区間距離**＝

小代橋～北代田橋	1.3km
北代田橋～大宝橋	2.1km
大宝橋～天神橋	1.3km
天神橋～観音橋	3.1km
観音橋～築場大橋	3.6km
築場大橋～須永橋	2.2km
須永橋～新開橋	4.3km

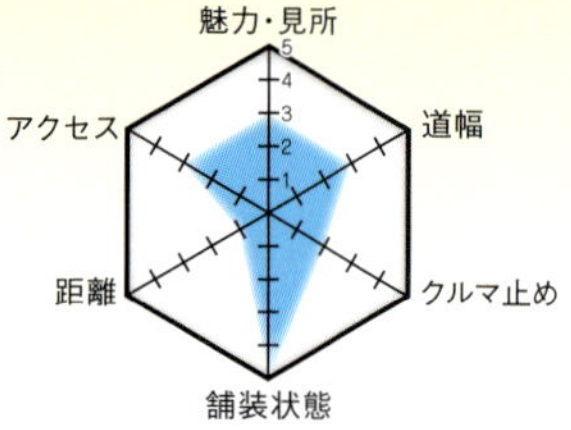

《概　要》

川岸の土手上に整備されているサイクリングロードが多い中で、桃ノ木川・広瀬川サイクリングロードはその大部分が河川敷を走る。だから、川の流れとその周りの小さな自然がより近く感じられるのである。自然護岸が多いのもいい。

起点は小代橋。桃ノ木川・広瀬川サイクリングロードは終点までずっと右岸を走る。起点から約2kmは河川敷のないコンクリートの護岸が続き、周辺は住宅地や商業地。一本橋から先は河川敷を走る。土手上にもしばらく道は続くのだが、橋が頻繁にあるため、そのたびに車道を渡らなくてはならず、河川敷を走ったほうが快適である。築場大橋の先で右岸から広瀬川の流れ込みがあるので、土手に上がり、案内標識に従って迂回する。

そして、それまでの桃ノ木川サイクリングロードは、ここから広瀬川サイクリングロードとその名前を変える。河川敷を走ってきた道は、伊勢崎オートレース場の手前で、土手上となり、そのまま終点まで至る。

《アクセス》

起点の小代橋はJR両毛線前橋駅から約4km。市街地の北の外れに位置し、駅からはやや距離がある。終点の新開橋はJR両毛線および東武伊勢崎線伊勢崎駅が近い。また、天神橋付近では上毛電鉄が川を渡っており、上泉駅および赤坂駅が川岸から約1kmの位置にある。さらに、サイクリングロードは観音橋付近から、JR両毛線と平行するように走る。主要道は国道17号が起点に、終点には国道462号が近くを通っている。

《そのほか》

河川敷を走っていると両岸に続く高い土手により、周辺の様子があまり分からないのだが、商業施設は川の周りに点在している。地図でその場所を事前に調べておき、橋を目印に土手を上がって立ち寄るといいだろう。トイレや水道などの整備された休憩所は、コース前半、河川敷を走っている間はほとんど見られないのだが、伊勢崎市に入ると公園や緑地が目立つようになる。

起点から約1km。二ツ橋のたもとに小さな公園があり、水道やベンチが設置されている

歩行者やランナーに対して、サイクリストへの協力を呼びかける看板。お互いが相手に理解を示すことが大切だ

北代田橋のたもとにはオートバイ兼自転車店あり。何か自転車にトラブルがあったときには便利

簗場大橋。この先で右岸から広瀬川が合流するので、土手に上がって迂回する

遠くに赤城山が浮かぶ。標高1828m。榛名山、妙義山と並ぶ上毛三山のひとつで、また日本百名山でもある

西部公園。遊具や芝生広場、噴水広場、トイレなどあり。子どもや家族連れが多く、住民の憩いの場となっている

休憩ポイント　敷島公園

サイクリングロードの起点から約１km西に広がる面積約36.6haの広大な公園。100年ほど前に利根川の洪水を防ぐために植えられたという約3000本の松林に囲まれている。園内には野球場や陸上競技場といったスポーツ施設から、釣堀池、ボート池、フィールドアスレチックなどがあり、隣接してバラ園、熱帯植物温室なども整備されている。

17 桃ノ木川･広瀬川サイクリングロード

2 国道17号の県営競技場東交差点を400mほど東に入ったところが起点の小代橋。スタートして間もなく川岸は桜並木となる

6 一本橋から先でサイクリングロードは河川敷に続くが、平行して土手上にも整備されている

10 築場大橋西詰。橋上に道案内あり。群馬県のサイクリングロードには、至るところにこのような標識が立っている

11 須永橋下。桃ノ木川サイクリングロードが終了し、ここから広瀬川サイクリングロードが始まる

12 伊勢崎オートレース場。開催日には川岸までエンジン音が響き、熱気が漂ってくる

13 龍神宮。龍宮橋の下の右岸河川敷にある小さな神社。浦島太郎の石像などがある

野原のような河川敷に一本の道が延びる。河川敷はときどき芝刈りなどが行なわれ管理されている

終点の新開橋に隣接するまちかどステーション広瀬。ここより下流は高崎伊勢崎自転車道となる

18 栃木県 渡良瀬川自転車道

群馬・栃木県境を流れる渡良瀬川の土手に整備された約38.2kmのサイクリングロード。川沿いには桐生、足利、館林などの趣ある街が広がり、川岸の自然と街の賑やかさ、利便性がバランスよく融合したコースである。

館林市を流れる渡良瀬川。このあたりでは河川敷に公園やトイレなどがあまりない。春には菜の花、秋にはススキなどの花が咲く野原である

DATA

●**エリア**＝足利市、藤岡町、群馬県桐生市、館林市、板倉町
●**距離**＝約38.2km
●**主な区間距離**＝

錦桜橋～松原橋	4.3km
松原橋～葉鹿橋	4.6km
葉鹿橋～緑橋	5.3km
緑橋～田中橋	2.4km
田中橋～福猿橋	3.3km
福猿橋～川崎橋	2.3km
川崎橋～高橋大橋	4.2km
高橋大橋～渡良瀬大橋	2.0km
渡良瀬大橋～新開橋	9.8km

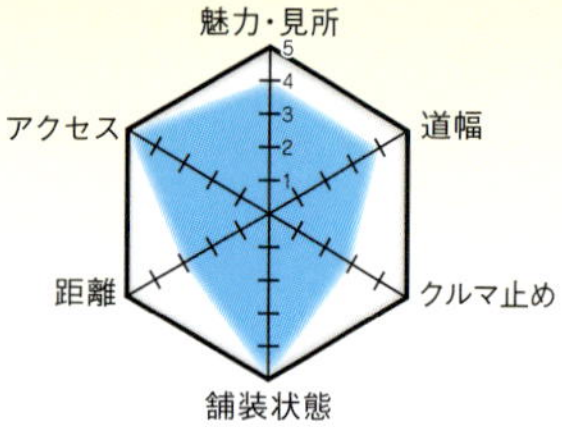

《概　要》

群馬県桐生市から栃木県藤岡町までの渡良瀬川中流部に整備されたサイクリングロード。市街地を流れる川は、河川敷に芝生の公園やスポーツ広場などが整備されている場所も多く、周辺住民の憩いの場として広く活用されている。

サイクリングロードは、起点の桐生市錦桜橋から足利市の緑橋までは左岸を走る。緑橋から田中橋までの約2.4kmは右岸。田中橋から約3.3km先の福猿橋までは再び左岸。そして、福猿橋から終点までは右岸を走る。渡良瀬川に流れ込む小河川を迂回するようなところが何カ所かあるのだが、分かりにくいということはないだろう。

桐生、足利、館林など周辺の街は、歴史的建築物が見られたり、草花のきれいな大規模公園が整備されていたりする。コースを外れて立ち寄ってみてはいかがだろうか。また、終点の藤岡町新開橋の下流には渡良瀬遊水地が広がっており、その先には利根川が流れている。いずれもサイクリングロードが整備された魅力的な水辺である。

《アクセス》

JR両毛線桐生駅および東武桐生線新桐生駅が起点から約１kmの位置にある。渡良瀬川自転車道は足利市までJR両毛線と平行するように走っており、起点・終点を問わず輪行によるアクセスはしやすい。館林市に入ると東武佐野線の高架が川を渡っている。左岸には田島駅が、右岸には渡瀬駅がそれぞれ川岸から約1.5kmの距離にある。終点は東武日光線藤岡駅に近い。

また、クルマでアクセスする場合、起点・終点ともに主要道となるのは国道50号。

《そのほか》

起点から足利市川崎橋付近までは、サイクリングロードを数百m外れれば、コンビニエンスストアやスーパーマーケットなどが２～３kmおきに点在している。しかし、館林市に入ると市街地の様相が薄れ、それらはグッと少なくなる。渡良瀬大橋や東北自動車道の陸橋付近で川岸から１kmほど離れたところに見つけることができる。

起点は錦桜橋。山間の渓谷を流れてきた渡良瀬川は、この先、徐々に川幅を広げていく

小梅琴平公園から約1km走ると水処理センター。土手上にベンチやトイレが設置された緑地帯あり

松原橋から約600m。渡良瀬川に流れ込む桐生川を渡るため、土手を下りて、写真の場所を左折、さらにその後、すぐ右折する

境橋を渡ったところで栃木県足利市の標識。写真の信号を右折する

先の信号の交差点、右折の目印となるのは稲荷神社の真っ赤な鳥居

桐生川が渡良瀬川に合流する地点にある小俣公園。トイレが設置されているほか、野球場や遊具などもある

足利工業大学の巨大な風車。大学の近くにある風と光の広場では自然エネルギーに関するさまざまな実験が行われている

建設中の北関東自動車道の陸橋を過ぎると、土手下にトイレや遊具などの設置された五十部運動公園がある

緑橋北詰にコンビニエンスストアあり。足利市の市街地に近づくにつれ、周辺が一層賑やかになっていく

緑橋で右岸に渡ると、サイクリングロードは土手下の河川敷に延びる。写真は中橋緑地

本町緑地。緑橋から渡良瀬橋までの河川敷約1kmに渡って広がる公園。トイレ、駐車場などあり

田中橋北詰。橋を渡ったところで足利学校や美術館の案内標識が出ている。市内に立ち寄る場合、田中橋北交差点を左折する

休憩ポイント　足利学校跡、鑁阿寺《ばんなじ》

足利市は清和源氏の主流となった足利氏発祥の地で、市内には多くの寺社仏閣、史跡などがある。なかでも足利学校（写真20）は日本を代表する中世の高等教育機関で、宣教師フランシスコ・ザビエルによって海外にまでその名が伝えられた。また、鑁阿寺（写真21）は足利氏の氏寺。鎌倉時代の武家屋敷の面影を今に伝える建築で、大正11年（1922）、国の史跡に指定された。

足利学校・開館時間＝9:00～16:30（10月～3月は16:00まで）／第３月曜（祝日の場合は翌日）休館／入館料＝400円／問合せ＝TEL0284-41-2655。鑁阿寺は終日開門
http://www.ashikaga-kankou.jp/

22

昭和22年（1947）、付近に甚大な被害をもたらしたカスリーン台風水難者の慰霊碑とお地蔵さんが岩井橋のたもとに立っている

23

渡良瀬グリーンプラザ。岩井橋南詰に建つ公共施設。館内には渡良瀬川の自然や歴史に関する展示、展望回廊などがある

24

写真の福猿橋で右岸へ渡る。桁橋が多い中で、ここはトラス橋なので分かりやすい

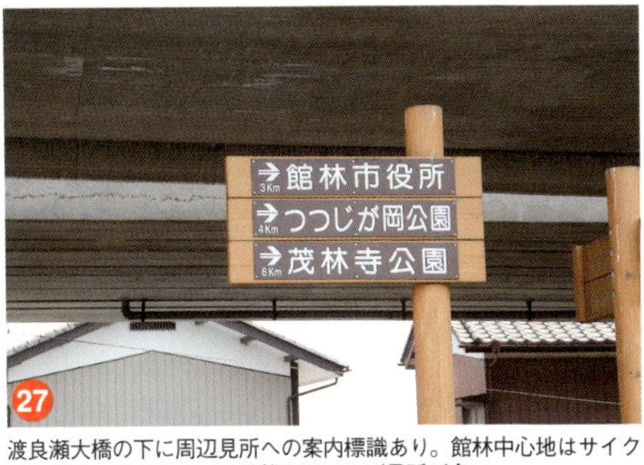

27

渡良瀬大橋の下に周辺見所への案内標識あり。館林中心地はサイクリングロードから5kmほど離れているが見所が多い

28

東武佐野線の線路をくぐる。群馬県館林市と栃木県佐野市を結ぶ全長約22.1kmのローカル線である

31

板倉町。終点手前約1.5kmの河川敷にグライダー練習場があり、休日には飛行する白い機体が見られる

32

東武日光線の線路をくぐると間もなく終点。鉄橋のたもとには公園とベンチがある

33

終点の新開橋。右折して約1km走ると東武日光線藤岡駅がある

18 渡良瀬川自転車道

起点から約1km。サイクリングロードのすぐわきにトイレあり。河川敷は小梅琴平公園。芝生広場などが整備されている

起点から約4kmで松原橋。橋上は横断禁止になっている。分岐を左に進み、橋をくぐって先へ

0.5kmおきに距離標が立っている。ただし、桐生市内のみ

桐生川に架かる境橋。その名の通り群馬県と栃木県の県境に架かる橋である

葉鹿橋の先で分岐あり。ここは土手を下りて左に進む。右、土手上の道は数百m先で行き止まり

緑色の橋だから緑橋。ここで右岸へ渡る。橋上には幅2mほどの歩道が設けられている

田中橋を渡って左岸へ。路面に「サイクリングロード→」の案内が出ているので、迷うことはないだろう

川崎橋南交差点。この先、館林方面に向かうにつれ、川の周囲は市街地から田畑の広がる風景へと変化していく

高橋大橋の先で分岐がある。ここは右へ。矢場川に設置された水門へ

風も、雲もない晴れた日の渡良瀬川自転車道は、こんな風にみんなで走りたくなったりするのである。館林市青少年広場付近

19 栃木県 鬼怒川自転車道

宇都宮市の周りには鬼怒川を始め、田川、姿川、思川など何本もの川が南北に流れて、その川岸にはいずれもサイクリングロードが整備されている。なかでも鬼怒川自転車道は規模が大きく、周辺環境も整い、最も親しみやすいコースだ。

広い河川敷はススキの野原。鬼怒川は昔から洪水をよく引き起こす暴れ川として知られている

DATA

●**エリア**＝真岡市、上三川町、宇都宮市
●**距離**＝約25.5km
●**主な区間距離**＝

大道泉橋～砂ヶ原大橋	2.0km
砂ヶ原大橋～鬼怒大橋	6.7km
鬼怒大橋～宮岡橋	4.8km
宮岡橋～桑島大橋	4.2km
桑島大橋～新鬼怒橋	4.4km
新鬼怒橋～柳田大橋	3.4km

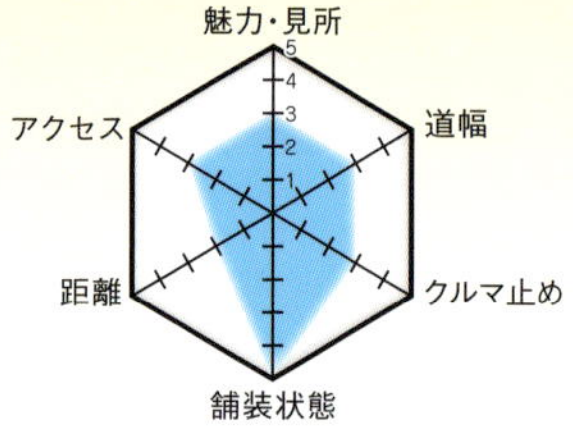

《概　要》

群馬県と栃木県の県境に位置する鬼怒沼を水源とし、茨城県守谷市で利根川に注ぐ鬼怒川。そのうち宇都宮市、上三川町(かみのかわまち)、真岡市の３市町に、主に堤防上を利用したサイクリングロードがある。起点は上三川町の大道泉橋(だいどういずみばし)、終点は宇都宮市の柳田大橋。コースは下流から上流に遡るようになる。起点から約2.0km先の砂ヶ原大橋までは左岸その先は終点まで右岸である。

クルマとの混走区間が多く、特に砂ヶ原大橋から鬼怒大橋までは河川敷が農地となっていることもあって、農作業に訪れる農家のクルマが走っていたり、駐車していることも多い。車道と自転車道が鉄柵によって通行区分されているところもあるが、自転車道側の舗装はやや荒れており、また、クルマの交通量が少ないことから、車道側を走っても問題はないように思われる。

鬼怒川自転車道の東西には、五行川(ごぎょうがわ)自転車道や田川自転車道が走っている。それらをネットワークにして周回ルートをとることも可能だ。

《アクセス》

起点となる大道泉橋は、真岡鉄道久下田(くげた)駅から約4.5km、終点の柳田大橋はJR宇都宮線宇都宮駅から約６km。駅からはやや距離がある。

クルマを利用する場合、主要道は鬼怒川の右岸を国道４号が、左岸には国道408号がいずれも川岸から２～３km離れて走っており、こちらはアクセスしやすい。また、両国道とも北関東自動車道にそれぞれ宇都宮上三川IC、真岡ICで接続している。遠方から訪れるには便利だ。

《そのほか》

県道35号および158号が右岸から0.5～1kmほど離れたところを通っており、ところどころにコンビニエンスストアがあるが、その数は多くはない。鬼怒大橋の北には河川敷に規模の大きな公園や緑地が３～５km間隔であり、トイレや水場が設置されている。また、ルート上、川岸から最も近い市街地は、鬼怒大橋の東西に２、３km離れて広がる上三川町と真岡市となる。

砂ヶ原大橋。大道泉橋をスタートして約2.0kmで、左岸から右岸へ渡る

蓼沼緑地公園。湿性植物などが植えられた池のある親水公園が隣接している。園内を抜けて先へ進む

砂ヶ原大橋から鬼怒大橋までは、河川敷に農地が広がる。堤防上にはクルマも進入してくるので注意して走ろう

鬼怒川に流れ込む江川放水路に架かる橋を渡る。宮岡橋の先からこの付近まで周辺の景観は濃緑の林が広がる

桃畑緑地公園。トイレ、水場、駐車場、芝生広場などあり。４月上旬には桜の花見客で賑わう

鬼怒大橋。ここまで河川敷は農地や林で、川の流れが見えなかったのだが、この橋の手前で視界が一気に広がる

桑島大橋の300mほど手前にトイレおよび休憩所あり。しかし、河川敷の公園に比べると、あまり利用されている様子はない

桑島大橋を過ぎて約500mの地点。分岐を右に進み小川に架かる橋を渡る

宇都宮市上桑島町付近。川幅が広く、対岸の堤防までは1kmほどあろうかと思われる

石井桜づつみ。新鬼怒橋手前の堤防上にソメイヨシノの並木あり

休憩ポイント　鬼怒ふれあいビーチ（鬼怒川緑地運動公園）

鬼怒川の河川敷には公園や緑地が点在しているが、鬼怒ふれあいビーチもそのひとつ。なかでもここは、バーベキュー場や鬼怒川を利用したビーチが設置されており、休日は若いグループや家族連れでとても賑わう。駐車場やトイレのほかビーチにはシャワーや更衣室もある。サイクリングと合わせてバーベキューや水遊びなどのアウトドアアクティビティを楽しんでみてはどうだろう。ビーチが利用できるのは７月中旬から８月の夏休み期間中。バーベキュー場は通年開放されている。予約や受付などは必要なく、利用は先着順。料金はいずれも無料。

問合せ＝宇都宮市公園緑地課・TEL028-632-2529

終点の柳田大橋。河川敷が緑地になっている。橋を左折すると約200m先にコンビニエンスストアあり

国道123号の新鬼怒橋は手前の分岐を左に進み、橋の下をくぐる

鉄柵により車道（右）と自転車道（左）が分かれる地点だが、路面状況は車道のほうがいい

20 茨城県 つくばりんりんロード

かつて岩瀬町（現桜川市）と土浦市を結んでいた筑波鉄道の廃線跡に整備されたサイクリングロード。一帯は筑波山を仰ぎ見る農村地帯で、途中には真壁や北条など江戸時代の面影を残す町などもある。

JR岩瀬駅を発ち、筑波山麓を北から南へ走っていくと、その山容が少しずつ変わっていく

DATA

- **エリア**＝桜川市、つくば市、土浦市
- **距離**＝約40.1km
- **主な区間距離**＝

JR水戸線岩瀬駅～雨引休憩所 ………… 4.6km
雨引休憩所～真壁休憩所 …………… 5.3km
真壁休憩所～筑波休憩所 …………… 9.9km
筑波休憩所～藤沢休憩所 …………… 12.9km
藤沢休憩所～虫掛休憩所 …………… 3.7km
虫掛休憩所～土浦市川口終点 ………… 3.7km

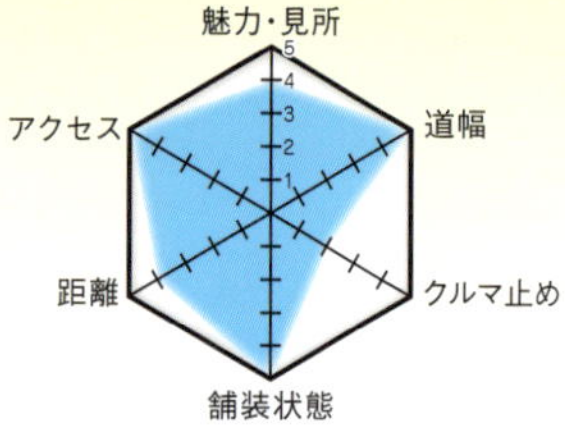

《概　要》

起点のJR水戸線岩瀬駅から、終点の土浦市川口までは約40.1km。筑波山西麓を南北に延びるルートである。かつての線路は全線とてもきれいに舗装されており、車道との混走はほとんどなく、幹線道路から数百m離れた独立したサイクリングロードとなっている。沿道には１kmごとに距離表が設置され、桜が植栽されている区間も多い。道幅は約２～３mほどで、起伏はほとんどない。唯一気になるのは踏切跡に頻繁に設置されたクルマ止めだろうか。そこでは車道を横断することになるので、必ず一旦停止を。

コース一帯は田畑が広がり、牧歌的な雰囲気が漂う。また、途中の桜川市真壁地区では江戸時代からの街割りを今に残す景観が見られたり、つくば市北条地区には筑波山神社の参詣道として、約400年前に開かれたつくば道が街中から延びていたりする。いずれも歴史散策の楽しめる町だ。

つくばりんりんロードの終点に近いJR常磐線土浦駅は、潮来市を起点とする霞ヶ浦自転車道の終点でもある。ふたつのサイクリングロードをつなげて走れば、80kmを超えるロングルートが楽しめる。

《アクセス》

起点はJR水戸線岩瀬駅、終点はJR常磐線土浦駅から約300m離れた地点で、輪行にはとても便利。主要道は、起点近くに国道50号が、終点近くには国道６号が通る。高速道路を利用する場合でも、それぞれ北関東自動車道、常磐自動車道のICが近い。駐車場はJR岩瀬駅のほかコース上に点在する休憩所に整備されており、いずれも無料。

《そのほか》

かつての駅が４～12kmほどの間隔で残され、休憩所として整備されている。コースのほぼ中間地点となる筑波休憩所は、筑波山神社や学園都市、土浦など各地へつながるバスの発着所になっているほか、レンタサイクルが設置されている。コンビニエンスストアなどの商店は桜川市真壁地区からつくば市北条地区の間、県道41号および、14号に沿う区間に点在するほか、土浦市街に入ると数多くある。

JR岩瀬駅をスタートして約1.8kmで県道41号と交差する。サイクリングロードはこの県道とほぼ並走するように延びている

桜川市真壁地区の田園地帯。初夏、田植えに備えて水を張った田んぼに筑波山が映り込む

スタートして約4.6kmで雨引休憩所に到着。かつて駅のホームだったところにトイレとベンチが設置されている

距離標が1kmごとに設置されており、走行に安心感を持たせてくれる

雨引休憩所から約5.3kmで真壁休憩所に到着。駐車場、ベンチ、トイレのほか、周辺見所の案内板あり

真壁休憩所から約6kmでサイクリングロードは県道41号に合流する。ここから約1.7kmは車道と並走

休憩ポイント 桜川市真壁地区

真壁休憩所周辺に広がる町。地域内には、伝統的な木造の町屋や門、築地塀、見世蔵など260棟余りの伝統的建築物があり、うち104棟が国の登録有形文化財に指定されている。また、江戸時代初期に造られた区画が、ほぼ元のまま現在まで残されている街割りも真壁の特徴だ。県道41号の東には真壁城跡があり、堀や土塁などが残っている。

http://www.makabe.or.jp/

県道41号は桜川市からつくば市に入ると14号と合流する。県道132号との交差点にコンビニエンスストアあり

コースのほぼ中間地点に位置する筑波休憩所。バスターミナルが隣接しており、トイレ、ベンチ、駐車場などあり

先の交差点を過ぎて、間もなく、再びサイクリングロードへ。看板があるので、その入口を見過ごすことはないだろう

北条地区を抜けると、間もなく国道125号と交差する。この後は田園地帯がしばらく続き、コース近くにコンビニエンスストアなどはない

筑波休憩所の300mほど手前で、筑波山神社への主要道である県道42号と交差。陸橋のすぐ左手にコンビニエンスストアあり

つくば市レンタサイクル。筑波休憩所に設置されている。利用期間＝4～11月／利用時間＝9:00～18:30／料金＝1日500円

休憩ポイント　つくば市北条地区

　北条地区は筑波山神社の門前町として古くから栄えてきた町で、土蔵造りの建築物や古い道標などがあり、歴史を今に残す。つくば神社の表参道であるつくば道は、徳川３代将軍家光のころに参詣道として開放され、往時の信仰を今に伝える道である。その入口には重厚な石造りの道標が立っている。日本の道百選の一道。また、近くにある大池公園は桜の名所で、４月上旬には約250本の桜が咲き乱れる。

小田城跡。鎌倉から戦国時代にかけて常陸国南部に勢力を誇った小田氏の居城跡

県道53号と交差。ここから約4km、ほとんどカーブのない直線となる。沿道は桜並木

藤沢休憩所。他の休憩所同様、トイレ、ベンチ、駐車場あり。近くに酒屋があってスナックやドリンクなどが手に入る

藤沢休憩所から約3kmで常磐自動車道と交差。田畑の先に土浦市街のビル群が見え出す

虫掛休憩所。JR岩瀬駅からスタートすると、ここが最後の休憩所となる。終点までは約3.7km

新川。写真の交差点を左折すると右手に橋があるので、右折して、川を渡る

橋を渡ったところに写真のようにサイクリングロードが延びている。ここに入っていく

サイクリングロードの終点。土浦高架橋の真下で、JR土浦駅へはここから約300m

起点はJR水戸線岩瀬駅。駅の裏(南側)に駐車場とトイレが設置されている。岩瀬の市街地は駅の北側に広がっている

JR岩瀬駅から約8km。県道41号がサイクリングロードのすぐ近くを走る。コンビニエンスストアあり

JR岩瀬駅から約7km。正面に筑波山を望む。ふたつの峰を持つ双耳峰で西が男体山(871m)、東が女体山(877m)

真壁休憩所を発つと、間もなく県道7号と交差する。サイクリングロードに沿って八重桜が植栽されている

クルマ止めが設置されているのはかつての踏切だ。鉄道が走っていた往時が偲ばれる

スピード抑制のためだろうか。それとも居眠り運転防止のためだろうか。波打つような起伏がつけられた区間がある

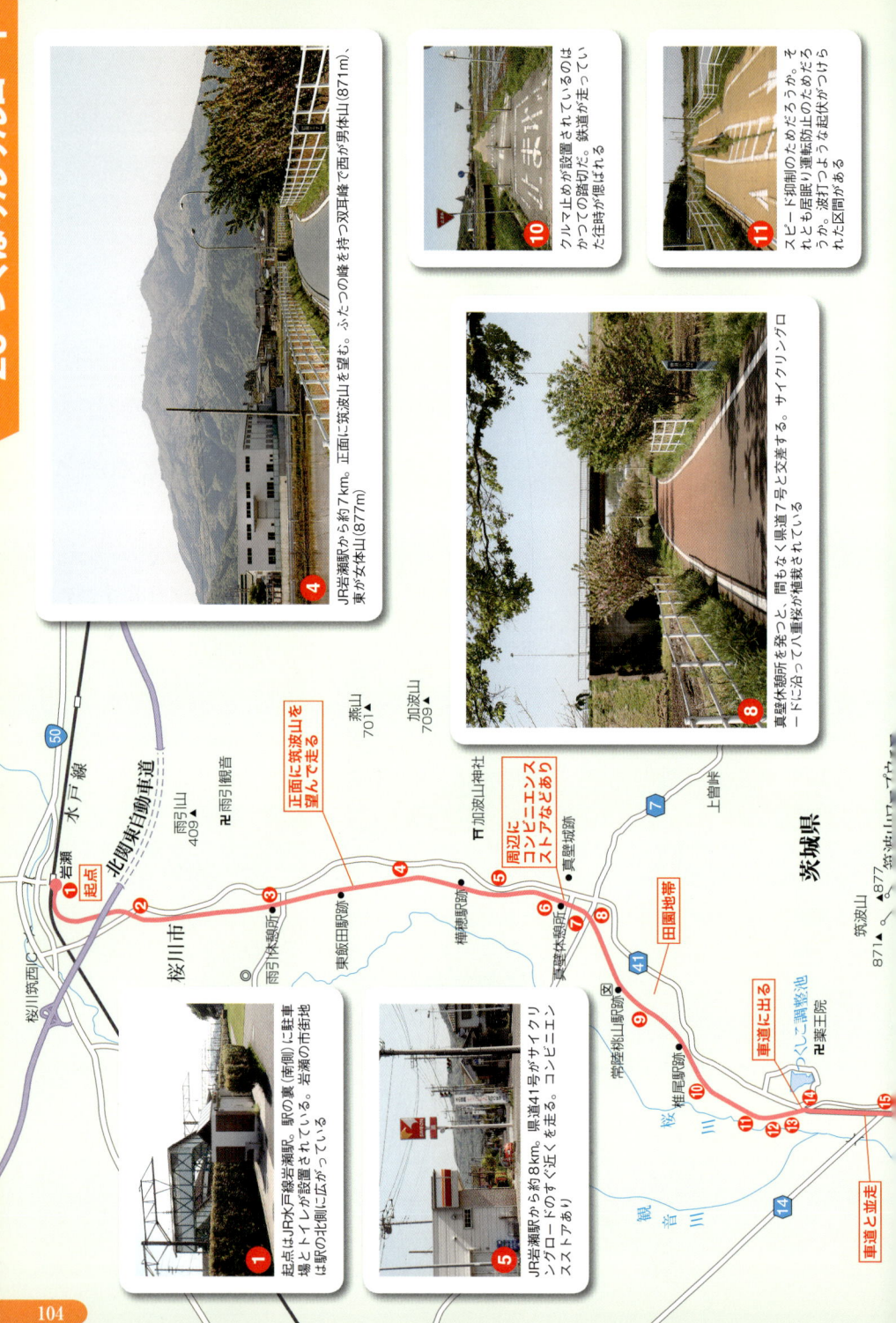

筑波休憩所から約2km。このあたりは県道14号がサイクリングロードのすぐ近くを通っており、コンビニエンスストアやスーパーマーケットなども点在する

虫掛休憩所を発ち、約1kmで国道6号と交差する。景観が田畑から市街地へと変わっていく

国道125号との交差点。市街地に入り、クルマの交通量が一気に増えるが、サイクリングロードは終点まで独立した路線となっている

JR常磐線がサイクリングロードに並走する。この道が突き当たる交差点が終点だ

21 茨城県 霞ヶ浦自転車道

霞ヶ浦は琵琶湖に次ぐ日本で二番目に大きな湖。その湖畔の土手上、国土交通省の自転車施策によりサイクリングロードとして整備が進められているのが、潮来市と土浦市をつなぐ約42.6kmの、水平線も望める巨大な湖に沿って走る自転車道だ。

天王崎公園から約1km。空と水ばかりの風景。水平線が望めるほどの巨大な湖

DATA

- **エリア**＝潮来市、行方市、かすみがうら市、土浦市
- **距離**＝約42.6km
- **主な区間距離**＝
  - 潮来市役所牛掘主張所～北利根橋 ･････ 0.5km
  - 北利根橋～天王崎公園 ･････････････ 4.8km
  - 天王崎公園～霞ヶ浦大橋 ････････････14.8km
  - 霞ヶ浦大橋～歩崎公園 ･････････････ 3.8km
  - 歩崎公園～JR常磐線土浦駅 ･･････････ 18.7km

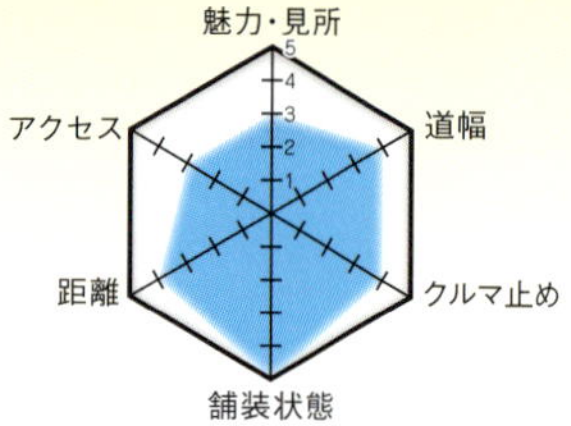

《概　要》

潮来市役所牛掘出張所を起点とし、霞ヶ浦大橋を渡って、土浦市に至る約42.6kmが霞ヶ浦自転車道である。といっても、そのほとんどの区間はクルマも走る車道。ところどころ縁石によって車道と分離された自転車専用の通行帯が造られているものの、それも数百mで途切れてしまっている。ただ、土手上を走っているクルマは、釣り人や漁業関係者がほとんどで、交通量は極めて少ない。けっして自転車にとって走りにくい道というわけではない。むしろクルマがすれ違えるだけの道幅があるだけに、スピードにのって悠々と快走できる。

コース途中の旧国民宿舎白帆荘や道の駅たまつくりにはレンタサイクルがある。貸出し期間は７月下旬～11月。料金は大人500円、小学生以下無料。クロスバイクなどのスポーツ車が借りられるほか、キッズバイクもある。

霞ヶ浦を一周するとなると距離はおよそ120km。一部の区間では一般道を走らなくてはならないが、湖岸はほぼ全線舗装されている。いつかはチャレンジしてみたいロングルートである。

《アクセス》

起点は潮来市役所牛掘出張所で、最寄り駅は約4.5km離れたJR鹿島線潮来駅。やや距離はあるが、常陸利根川の土手が、霞ヶ浦に続くサイクリングロードとなっているので、自転車で気持ちよく走ることができる。

終点はJR常磐線土浦駅。起点近くを通る主要道は国道51号および355号。終点のJR常磐線土浦駅近くには国道６号が通っている。

《そのほか》

ルート周辺にはコンビニエンスストアなどが非常に少ない。特に霞ヶ浦大橋から土浦駅までの区間は、公共のトイレなどもコース上にはほとんどない。主要道である国道354号に出る場合、湖畔から３km以上走らなくてはならないため、霞ヶ浦大橋たもとの、道の駅たまつくりで、食事やトイレ、飲食物の補給などの準備はしっかりしておきたい。

潮来市役所牛掘出張所のスタート地点。常陸利根川沿岸に無料駐車場とトイレが設置されている

スタートして常陸利根川沿いを走っていくと、間もなく小さな公園に突き当たる。ここは自転車を押して通り抜ける

天王崎公園。トイレ、駐車場、休憩所、展望台、芝生広場がある。天王崎は霞ヶ浦に突き出た岬で、特に夕日が美しい場所として知られている

休憩ポイント　白帆の湯

行方市麻生の天王崎公園に隣接する温泉施設。浴室からは眼下に広がる霞ヶ浦や、西方に浮かぶ筑波山、さらに天気がよく空気の澄んだ日には富士山までも望むことができる。休憩所および食堂が併設されており、地元産のワカサギ料理などが食べられる。

営業時間＝10:00〜21:00／第1、3水曜(祝日の場合は翌日)休み／施設利用料＝700円／問合せ＝TEL0299-80-6622
http://www.city.namegata.ibaraki.jp/shiraho/

霞ヶ浦大橋。行方市とかすみがうら市をつなぐ橋長約1.1kmの橋。霞ヶ浦に架かる唯一の橋である

歩崎(あゆみざき)公園。売店、トイレ、休憩所、駐車場あり。郷土資料館や水族館なども併設されている

霞ヶ浦周辺は蓮の産地として知られており、蓮の池がところどころで見られる。花期は7月〜8月

土手上の道はJR土浦駅の手前、約2.5kmで終わる。土手下の車道に下りて西へ約2km走ると、県道263号

かすみがうら市に入ると、湖面に足場が渡してあり、掘立て小屋が建っているのをよく見るが、それらは鯉の生簀である

ゴールのJR常磐線土浦駅まで約20kmとなるコース中間地点。霞ヶ浦周辺はのっぺりとした平野で、風が吹くとその影響を強く受ける

霞ヶ浦大橋を渡ったら、湖岸に沿ってすぐ左折する。なお、湖岸の土手はサイクリングロードだが、クルマも走る

休憩ポイント 道の駅たまつくり

レストランでは、鯉のぽたぽた焼き丼や地産の豚肉を使ったトンカツなどが味わえる。併設の霞ヶ浦ふれあいランドは水のテーマパーク。霞ヶ浦の自然や生活に関わる水のことを展示や体験によって深く知ることができる。また、ここのシンボルとなっている虹の塔は高さ60mの展望台。湖畔を走っていると、遠くからその姿を望める。

霞ヶ浦ふれあいランド／開館時間＝9:30～16:30／月曜(祝日の場合は翌日)休み／入館料＝600円／TEL0299-55-3927

旧国民宿舎白帆荘のレンタサイクルステーション。期間中の利用時間＝9:00～17:00／問合せ＝行方市観光協会・TEL0291-35-2111(平日)、TEL0299-55-1221(当日)

常陸利根川に架かる北利根橋のトンネルをくぐる。その後、左折して湖畔の土手に上がる

22 茨城県 恋瀬川サイクリングコース

恋瀬川は筑波山塊の加波山を源流に、石岡市の農村地帯を流れ、霞ヶ浦に注ぐ川である。自然護岸が多く残され、コイやフナが泳ぎ、それを狙って釣り糸を垂れている人もしばしば目にする。おっとりとした小川に沿って走る田舎道だ。

起点の愛郷橋付近。田んぼと畑が広がり、遠くに小さな集落がある。恋瀬川周辺の典型的な風景

DATA

●**エリア**＝石岡市、かすみがうら市
●**距離**＝17.2km
●**主な区間距離**＝

愛郷橋～平和橋	1.7km
平和橋～恋瀬橋	2.5km
恋瀬橋～五輪堂橋	5.9km
五輪堂橋～ふるさと橋	3.3km
ふるさと橋～浦須橋	3.3km
浦須橋～石岡市中央公民館	0.5km

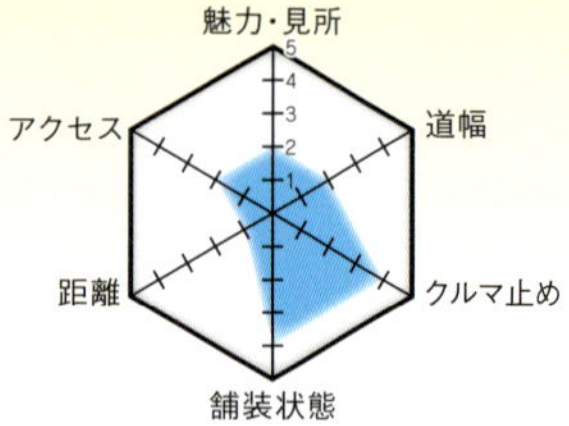

《概　要》

石岡市高浜から、同市柿岡まで恋瀬川の岸に沿って延びる約17.2kmが恋瀬川サイクリングコースである。全線舗装はされているが、道幅はあまり広くはない。ロードバイクで颯爽と駆けるには少し狭い。ところどころでは舗装に入った小さなヒビから草が生え、花が咲いていたりもする。周辺の景色は田んぼや、畑や、森や、里山である。目を凝らし、耳を澄ましてペダルを回していると、虫や、魚や、鳥や、花などの存在を色濃く感じられるだろう。家族や子どもと自然観察などしながらのんびり走る、このコースではそんなスタイルのサイクリングを楽しんでみてはいかがだろうか。

起点は霞ヶ浦の流れ込みに架かる愛郷橋（あいきょうばし）である。平和橋まで約1.7kmは右岸。その先は終点まで左岸である。起点から約10.1kmのところに架かる五輪堂橋の先で、一度川岸を離れ、車道を通って小さな集落を抜けるのだが、標識があるので迷うことはないだろう。川沿いの道は、石岡市柿岡の浦須橋で終わるので、そこから終点の石岡市中央公民館まで約500mは車道となる。

《アクセス》

起点の愛郷橋はJR常磐線高浜駅から約500mと非常に近いが、終点の石岡市中央公民館付近には鉄道の駅がない。JR常磐線石岡駅までバスが出ている。主要道といえば、こちらも起点近くには国道６号や常磐自動車道千代田石岡ICが近いものの、終点付近は県道が通るのみ。つまり、それだけ「田舎」ということ。しかし、それがまた魅力でもある。

《そのほか》

農村地帯を流れる川のため、サイクリングロードの途中にはコンビニエンスストアや食堂などはほとんどない。コース上にある休憩所は簡易トイレが設置された高倉休憩所のみ。恋瀬橋南詰には国道６号を走るドライバーのための休憩所があるので、ここも利用できる。常陸風土記の丘は川岸から約1km離れている。事前準備はしっかり整えて走り始めたい。起点の愛郷橋のわきにコンビニエンスストアがある。

愛郷橋のたもとに駐車場と霞ヶ浦周辺の見所を記した案内板あり。また、ここには桜やツツジが植林されている

恋瀬川サイクリングコースの案内図。周辺には果樹園が多い

国道６号に架かる恋瀬橋の南詰にトイレや駐車場の設置された休憩所あり

スタートして間もなくJR常磐線の線路をくぐる。カーブのある下り坂。高架下の道は車道なのでクルマに注意

平和橋。案内板が立っているので、それに従って左岸へ渡る

常磐自動車道の高架を過ぎて約1.7km走ると、川岸を迂回するように案内が出ている。写真の分岐を右に進む

❼の分岐の先で一部車道を走る。写真の突き当たりを左折。その先の交差点でもう一度左折すれば川岸だ

高倉休憩所。駐車場として利用できそうなほど広い空き地にベンチとトイレがある

休憩ポイント 常陸風土記の丘

周辺から出土した遺跡や、古代の家屋を復元・展示した広場、芝生広場、遊具などのある余暇活用施設。周辺を見渡す丘の上にあるのは日本一大きな獅子頭で、展望台になっている。四季折々園内を彩る桜やツツジ、アジサイなどの花も訪れる人の目を楽しませている。食堂、売店あり。

開園時間＝9:00～17:00（11月～２月は16:00まで）／月曜（祝日の場合はその翌日）、年末年始休園／入園料＝310円／問合せ＝TEL0299-23-3888

高倉休憩所の先は古い民家の立ち並ぶ集落を走る。約800mで川岸に合流する

川岸にポツリと立つ旧光安寺の虚無僧墓碑。建立は江戸時代後期の文政元年（1818）。石岡市指定文化財である

下川橋で左折すると約200m先にパン屋とコンビニエンスストアがある

浦須橋。ここで川岸の道は終わり。この先は終点の石岡市中央公民館まで約500m、車道を走る

左手は竹林、右手は田畑、目の前には里山。緑は春夏秋冬、その景色を少しずつ変えていく

川岸を離れ森の中に入る手前で「急な坂道注意」の看板。この先、カーブとなる上、木々が茂り視界があまりよくない。対向車や歩行者に注意

終点の石岡市中央公民館。石岡市役所八郷総合庁舎が併設されており、広い駐車場がある。JR常磐線石岡駅に行くバスもここから出ている

サイクリングロードを楽しく走るために

サイクリングロードをレースまがいにスピードを出して走るサイクリストをよく見かける。
しかし、サイクリングロードはほとんどが歩行者・自転車専用道。
自転車専用サーキットと勘違いしないように。
サイクリングロードを安全に楽しく走る方法を知っておこう。

1.サイクリングロードには歩行者もいる

サイクリングロードといえども、いわゆる自転車専用道は数少ないはず。多くは「歩行者・自転車専用道」として整備されている。だから、自転車と歩行者はここでは共存することが大事。特にサイクリストは歩行者を思いやって、左側をゆっくりと走ることを心がけよう。スピード練習は、クルマの少ない道を探して行うこと。

2.上流から下流へ走るのが基本だが……

サイクリングロードの多くは河川に沿った道。ということは上流から下流へ走ったほうが基本的に下り基調なので楽。ただし、川沿いの道は街の中とは違って建物などの遮蔽物が何もないので、風でも吹けばその風圧をもろに体に受けることになる。風向きによっては、上流から走ったほうが下りだから楽、という常識は通用しないので注意。サイクリングロードはほとんどが片道コースなので、走る場合は往復コースを取ることが多い。体の調子を見て、往路を風に向かって走るか、復路で風を受けるか考えよう。

3.暑いし寒い

遮蔽物が何もない、だから夏は暑い、冬は北風が吹いて寒い。これも常識。真夏、日陰のないサイクリングロードを走るときは水分補給をこまめに行うこと。また、木陰を探して休憩することが大切。逆に冬場は防風・防寒対策に最善をしっかりと。

4.クルマ止めが危ない！

サイクリングロードはコース全体が完璧にクローズされているわけではなく、一部車道と並走したり、あるいは車道を横切る場合もある。そんなときに現れるのが、クルマ進入防止柵。クルマにとって見れば、この中に入ってはいけないんだな、ぐらいにしか思わないが、サイクリストはこの厄介な柵を通過しなければいけないのだ。わき見をしてこの柵に激突して、自転車ごと空中遊泳している光景を何度か見ている。特に、ペダルを引っ掛けやすいので、いったん自転車を下りて通過するぐらいのゆとりを持ちたい。

5.今どこを走っているの？

街中を走っているときは、鉄道の駅、建物の住居表示、ビルの名前、お店などで現在位置をつかみやすい。ところが、サイクリングロードはそういう目標物を確認するのがけっこう難しい。河川沿いを走る場合、現在位置の確認で一番いいのは川に架かる橋。ただし、橋桁にその名前が書かれていなかったりしたら、ちょっと大変。一度、現在位置を見失うと、修復するのに苦戦する。

走行距離の目安になるのが、河口からの距離ポスト。現在位置やどのくらい走ったかの目安になる。また、サイクルコンピュータも便利なグッズ。走行距離が出るので、起点（自宅とかスタート地点など）を0kmに設定しておけば、現在位置の確認を走行距離から判断できるわけだ。

サイクリングロード沿いから見える高層ビルや大きな町並みも現在位置の確認になるので、出発前に情報を頭の中にインプットしておこう。

6.夜は真っ暗闇

市街地なら、街路灯や建物からの明かりで夜でも真っ暗闇になるということはまずないが、サイクリングロードはそういう場所から離れているので、ほぼ100%、夜間は漆黒の闇だと思ったほうがいい。前照灯もよほど高性能ではない限り、足元を明るく照らすのも容易なことではない。また、サイクリングロードでは朝晩、歩いている人やランニングしている人が非常に多いが、服装は全体的に地味。目をしっかり凝らして走っていても、直前までその存在に気がつかないことがある。また、カーブでコースアウトすることもある。

とにかく、何にも見えないほどに暗い世界。よほどのことがない限り、夜間のサイクリングロードを走るのはやめよう。

どうしてもサイクリングロードを走らなくては家に帰れないという状況になったときは、少しリスクはあってもサイクリングロードとつかず離れずの車道にコースを選んで走ったほうが、まだクルマのライトや周辺の家の明かりなどで安心できるというもの。

7.コンビニエンスストア

多くは町から外れた場所、ということを頭に入れて走りたいのがサイクリングロード。いつもの調子で、ちょっとコンビニへ、なんていう気軽さは通用しない。だから、走り始める前にしっかりと補給食と飲み物を準備しておこう。自動販売機も簡単には見つけられない、ぐらいの気持ちで出発しよう。

8.トイレは？

コンビニエンスストアが少ないので、気軽にトイレにかけこめない。トイレに行きたくなったら河川敷の運動場に設置されているトイレを利用すること。しかし、郊外に行くほど運動場すらなくなり、公衆トイレも少なくなる。そんなときは、見つかるまで我慢！

9.走り方

本書で紹介したコースに行く場合。サイクリングロードには、そこに並行したり横切る鉄道や幹線道路が必ずある。自宅から自走してサイクリングロードへ行くのが一番いいが、輪行する場合、鉄道利用でもクルマでも、目的地まで行くのに苦労することはあまりない。ただし、周回コースは少なく、多くは片道コース。鉄道利用の輪行なら、起点と終点の至近の駅をあらかじめ調べておこう。クルマでアプローチするときは、河川敷の駐車場は原則としてグラウンドなどの運動施設利用者に限る、という場合もあるので、周辺で駐車場を探すことになる。

10.基本の修理は知っておこう

自転車はメカもの。出発前に点検しておいても、メカトラブルは絶対にない、とはいい切れない。近くに自転車ショップがあればいいが、そんなに都合よく物事は進まないことが多い。そのため、少なくてもパンク修理ぐらいは必修項目。マラソン大会が開かれた翌日、ゼッケンを止める安全ピンがサイクリングロード上にたくさん落ちていて、それを踏んでパンクした、という経験もある。パンクを誘発する小さな異物がサイクリングロード上には落ちていることが多い。

サイクリングに持っていきたいもの

サイクリングをするために最低必要なもの。それは自転車と自分のカラダ。
身軽さがサイクリングの一番の基本だが、手ぶらでのサイクリングもおすすめできない。
備えあれば憂いなしということで、
サイクリングを楽しく安全にするためのグッズ・小物たちを紹介しよう。

1.必要なものを見極めよう

必要と思われるものを列記する前に、ちょっと考えてみよう。

①どんなサイクリングをするのか。のんびり寄り道をしながら走るのか、それとも自分の限界に挑戦する(←公道ではおすすめしない)のか。
②ひとりで行くのか、仲間と行くのか。サポートカーはつけられるのか。
③どれくらい走るのか。距離は？　時間・日数は？

これだけ挙げただけでも、状況によって持っていくべきものが変わってきそうなことがお分かりいただけるだろう。さて、今回は以下のような状況を想定してみよう。

・日帰り。
・ひとり、もしくは少人数でサポートはなし。セルフレスキューが前提。
・距離は、本人の限界の6～8割程度で、途中、ちょっと自転車以外でも楽しみたい。

このような状況でサイクリングに持っていくものは……。

ある日の持ち物一式。①チューブ×2本、②インフレータ、③タイヤレバー×2本、④携帯工具、⑤タイラップ、⑥紐、⑦サドルバッグ(インフレータ以外のここまでのものを入れる)、⑧デジタルカメラ、⑨ボトル、⑩お金(ジップロックに入れたもの)、⑪折り畳みバックパック、⑫ウエストポーチ(小物はここに入れる)、⑬ヘルメット、⑭グローブ、⑮アイウェア、⑯ロック、⑰ツールボックス

2.サイクリングに必要なもの

いくら体力は残っていても、肝心の自転車が途中で走らなくなってしまっては、サイクリングはそこで終了だ。そうならないために忘れてはならないものは、自転車のトラブルに対処するグッズや小物類。そして起こりやすいトラブルNo.1といえば、パンク。

◆タイヤチューブ／インフレータ(空気入れ)／タイヤレバー

トラブルNO.1に対処するためにも、これだけは忘れないように。チューブはできれば2本持っておきたい。

◆パンク修理キット(パッチ、ゴムのり、ヤスリ)

余裕があれば持っていくとよいだろう。

◆携帯工具

自転車の各部調整などに必要だ。

◆ロック

何かと便利だし、盗難防止になる。

サイクリングに必要なもの。これだけ持っていっても手に負えないトラブルが発生したときは、もう楽しいサイクリングはあきらめるしかない

3.自分のために必要なもの

自分のカラダにとって必要なもの。まず忘れてはならないのが、栄養と水分。

◆水を入れるボトル

これがあると非常に便利だ。ボトルがふたつあれば、ひとつには水、もうひとつにはスポーツドリンクなどを入れるという手もある。そうすれば、水は暑いときに頭からかぶったりすることもできるし、ケガをしたときには患部を洗うこともできる。

◆補給食

ゼリー状の栄養食品でも、アンパンやおにぎりでもよい。あまり水気のないものだと、ノドが渇いた状態で食べたときに、口の中の水分がなくなってしまうので気をつけよう。

◆お金、もしくはクレジットカード

お金があれば、ナントカなることは多い。現金もしくはクレジットカードは持っていたい。ファスナーつきの袋に入れておけば、多少の雨にも平気で、なにより軽い。

◆ヘルメット、グローブ、アイウェア

この三点セットは絶対に外せない。頭部を保護するヘルメット、手の疲労を防ぎつつ保護もするグローブ、ゴミや虫、そして紫外線などから目を保護するアイウェアはサイクリング中は必ず身につけたい。

ボトルと補給食。補給食はコンビニエンスストアや食堂(レストランなど)がそれなりにあることが分かっている場所であれば、持っていかないという選択肢もある

なくてもよい、という人もいるかもしれない。でも、あればこれほどありがたいものもない。何か起きてしまったときに、それを実感するに違いないのが、この三点セットだ

4.あるとサイクリングが楽しくなるもの

◆携帯電話

今さらだが、携帯電話は便利である。周辺の店を探したい、これから通る施設の情報が欲しい、あるいは緊急で仲間と連絡を取りたいときに必需品となる。

◆デジタルカメラ

デジタルカメラは、旅を豊かにする。美しい景色や記念写真を撮るのはもちろん、施設の説明書きをメモ代わりに収めることも可能だ（撮影を制限されている場合があるので気をつけること）。そして、意外と便利なのが動画機能。写真ではブレてしまいそうな暗い場所でも、動画で撮ってしまうと、なんとかなるし、音声が取れるのでボイスメモ代わりにも使える。

◆ポータブルオーディオ

ご存知のように、サイクリング中にヘッドフォンを利用してのポータブルオーディオの使用は非常に危険。聴覚を奪われると周囲の状況判断が遅れ、場合によっては重大な事故につながる。そこで音楽好きの自転車乗りのために何かないかと探した。そして見つけたのが、スピーカーつきのポータブルオーディオ。これの優れている点はトップチューブにつける小物入れに入れると、ちょうどスピーカーが顔の真下にくること。もともとあまり音も大きくないので、周りには迷惑をかけることもなく好きな音楽を楽しめる。

◆GPS

GPS機器が普及することによって、自分が現在どこにいるのか、どこを走ってきたのかを比較的簡単に把握できるようになった。パソコンがあれば、走行後、自分の走ってきた軌跡を地図上に残しておくこともできる。GPS受信機の精度が上がったことで、ビルの谷間でも正確に現在位置を把握できるようになってきた。日記をつけるのが好きな人たちにとっては、非常に楽しいアイテムである。さらに、現在地を把握できるメリットは大きい。道に迷うということが少なくなるため、自転車で気ままに走ることが誰でもできる。

デジタルカメラ、携帯電話、オーディオなど。これらの電子機器は、振動に対してあまり強くはないと考えておいたほうがよい。可能であれば、走行中の路面からのショックを吸収できる場所に取りつけたり、収納したい

◆サイクルコンピュータ

現在走っているスピードや、走った距離を表示するほか、ペダルの回転数を表示したり、心拍計のついたものなどが比較的安価で入手できるようになってきた。もちろん、スピードと距離のみを表示するだけの基本的なサイクルコンピュータでも十分。それに、一日が終わった後、走行距離を見たときに得られる達成感は、ちょっとクセになる。

◆折り畳めるバックパック

あると非常に便利。お土産等を買って、バッグに入らなくなったときに登場する。

◆和手拭

和手拭のよいところはタオルよりかさばらず、バンダナより大きいところ。思ったよりも水を吸うし乾きも早い。ふと気になった銭湯や外湯に入る、という場合にも、これ一枚で完璧である。

ポータブルオーディオの装着イメージ。これは一度経験すると病みつきになる

GPS、サイクルコンピュータ。本当はあまりごちゃごちゃとつけるのは好まない人でも、あると意外と便利なのでおすすめしたい

4.持っておきたい便利グッズ

これから紹介するのは持っていると便利なもの。基本的には娯楽のためではなく、自転車とのつきあいが楽になるものを紹介する。

◆輪行袋

サイクリングをする人にとって、実は高いハードルになっている輪行。でも、多少のコツを知っていれば手間を短縮できるもの。そして何よりも、いざとなったら自転車を袋に入れて、電車で帰れるという安心感を得ることができる。

◆結束バンド

自転車業界では商標名の「タイラップ」といった方が通りがよい。ケーブル類をまとめるなど、何かをきっちりと固定したいときに威力を発揮する。カチカチ、と一度締めてしまえば緩むことがない。

輪行袋、タイラップ、紐。これらは、いざというときに便利なモノ。何にしても選ぶときのポイントは「コンパクトになるか否か」である。サイクリングでは「重い」=「苦痛」と心得るべし

◆紐

紐を何種類か持っていると便利だ。タイラップ同様、何かを固定するときに使用する。筆者は人から教わったことを鵜呑みにして、ひたすら伸縮性のあるスニーカー用の靴紐を愛用している。

◆手袋

輪行する場合、軍手があれば自転車を輪行袋から出し入れする際に、手の汚れを防げて便利。さらに、輪行袋に収納された自転車のパーツ同士の接触を防ぐためのプロテクター代わりになるなど利用価値は大だが、ここでおすすめしたいのは、綿製の軍手よりもラテックス製の手袋。薄いのでかさばらない。そしてそれなりに強度があり、指先の感覚も十分伝わる。そして手は汚れない。

5.収納バック

バックパック、メッセンジャーバッグ、ウエストポーチ。何を選ぶかは、状況次第。それと、好みの問題

サドルバッグとツールボックス。小物を肌から放すことで、荷物を身につけることからくるストレスを少しでも減らしたい

さて、厳選したこれらのものをどのように持ち運ぶか、これが最後の問題だ。

まず、自転車に必要なものは、可能であれば自転車に装着してしまおう。パンク修理関連の小物や携帯工具はサドルバッグや、ボトルケージに収めるタイプのツールボックスに入れてしまえばよいだろう。

問題は、もう少し大きなものを入れるとき。一般的なのはバックパック、メッセンジャーバッグ、ウエストポーチ(またはヒップバッグ)あたりだろうか。それぞれのバッグが一長一短を持ち合わせているため、使いやすさと快適さ、そして好みを考えて選ぶしかない。

もうひとつの選択肢は、これらも自転車に取りつけてしまうという方法。フロントバッグやパニアバッグなどを自転車に装着してしまうのだが、パニアバッグをつけてしまうと、「荷物積み放題」状態になってしまい、自転車の身軽さが損なわれてしまうので、長期の旅行でない限りはおすすめしない。フロントバッグと大きめのサドルバッグという組み合わせも悪くはない。

自転車の基本メンテナンス

サイクリングに行くのなら、最低限知っておきたい自転車の取り扱い方法。
これだけは自分でやれるようにしよう。

1.日常のチェック

「タイヤに空気さえしっかり入っていれば、たいていなんとかなるもんだよ」
自転車好きの人の言葉だ。しかしこれ、あながちウソではない。
タイヤの空気をしっかり入れておくだけで、トラブルの多くは回避できるのだ。

◆タイヤに空気を入れる

①タイヤに書かれている許容空気圧をチェックする

②フレンチバルブの場合、一度圧着しているバルブのピンを押す

③一般的なインフレータのレバー使用方法。レバーを寝かせた状態でバルブに差し込み、レバーを起こす(立てる)とロックされる。この状態でポンプのレバーをしっかり持って押し込むようにして空気を入れる

◆注油

自転車に乗った後、特に雨が降ったときや、走りながら金属のこすれるような音がするようになってきたときは、注油をしよう。注油にはスプレー式の潤滑オイルと、ボトルに入った液体のオイルがあるが、適材適所使い分けが理想。しかし、理想論に振り回されて面倒になり何もしなくなるくらいなら、どちらでもよいのでこまめに注油してやるほうが、自転車にとってよいだろう。ただし、グリスを注入している場所は注油してはいけない。

チェーンに注油するときはまず作業前にオイルがチェーン以外にかからないような手当をしっかりしよう。特にリムに油が付着するとブレーキが利かなくなる

◎注油すべき場所、してはいけない場所

チェーンをはじめ、金属と金属が接触する場所には注油OK。グリスを注入しているところ(ヘッド部分、フリー、ペダルシャフト、プーリーの軸部分)、ボトムブラケットはNG。

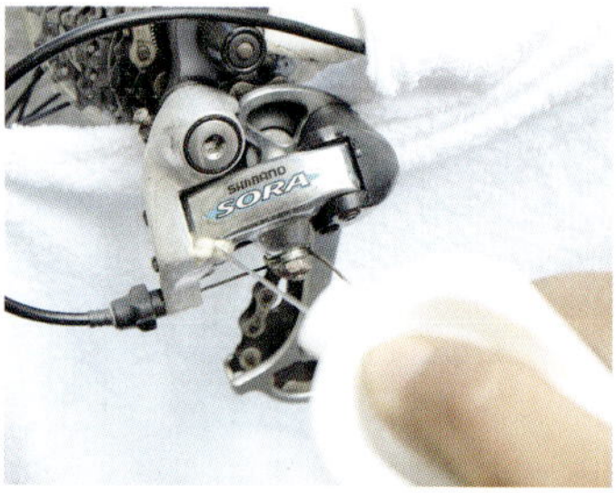

注油する場所は、金属と金属が接触するところ。フロント・リアディレイラーのパーツ同士が接触しているところは注油をしておきたい。リアディレイラーは裏側からも注油をしておくとよい

2.ホイールの確認とガタつきや異音チェック

ホイールを浮かせて回してみる。回転に「振れ」はないか。ブレーキの片効きはないか。ホイールを止めるとき、ブレーキは効くか。前後ホイールとも確認する。

そしてサドルとハンドルのガタをチェック。最後に、自転車を軽く持ち上げ静かに落とす。変に響くような音がしなければ各部の緩みはないと考える。

◆確認の方法

自転車を片手で持ち上げてもう一方の手でホイールを回して確認

軽く持ち上げて手を離し落としてみる。パーツなどが緩んでいると変な音がする

ホイールを両脚でしっかりとはさみ動かないようにしたら、ハンドルを持って揺すり、ガタつきがないかチェックする

3.タイヤの取り外しとチューブ交換

輪行するときや、パンクを直すときに必要になるのがホイールの脱着。ホイール全体が外れてしまうので大げさなことのように思えるが、クイックリリースのついた自転車であれば、作業自体は驚くほど簡単だ。また、パンクしたときチューブ交換ができると時間をロスせずに走行再開に至ることができるだろう。もちろん、交換したチューブは帰宅後にパンク箇所を修理をしよう。そのまま捨ててしまっては、「エコな自転車」が聞いて呆れる。

◆ホイールの脱着

ホイール脱着は慣れることが肝心。慣れてしまえばあっという間に終わってしまう作業だ。

①あらかじめ後輪のギアはトップに入れておく(外装変速機の場合)

②クイックリリースを解除する(外側に倒す)

③ロードバイクはブレーキアーチを開き、Vブレーキはワイヤーを外すことで、ブレーキシューの間隔を広げる

④前輪は脱落防止用の出っ張りがあるのでホイールを外す際はナットを緩める

⑤前輪はナットを緩めて持ち上げると外れる。はめるときは逆のことをすればよい

⑥後輪はクイックリリースを外してフレームを持ち上げて軽くホイールを下に押せば外れる

⑦後輪をはめるときは、最初にチェーンをスプロケットのトップの位置に引っ掛ける

⑧プーリーゲージを下に下ろす(伸ばす)と自然にホイールがはまる

◆チューブの交換

チューブの交換ができれば、パンクも怖くない。パンクをしてもチューブには少し空気が残っていることがある。作業前にあらかじめチューブの空気は完全に抜いておくようにしよう。

①タイヤレバーをタイヤとリムとの間に入れタイヤのビード部分をリムから外す。レバーの反対側をスポークに掛けて固定しておく

②もう一本のタイヤレバーも使ってビードを外す。こちらのレバーで少しずつビードの外れている間隔を広げていく

③ある程度までビードが外れたら、レバーで一気にタイヤを外すこともできる

④チューブを取り出す

⑤パンクの原因になった異物がタイヤに刺さっていないか、タイヤの裏側のパンク個所周辺をチェックする

⑥新しいチューブを入れる。最初にバルブをリムに入れてからタイヤでかぶせるようにしてチューブを入れていく

⑦このとき、少し空気を入れておくと、タイヤにはめ込みやすい

⑧ビードをリムにはめていく。最後の方はちょっと入れにくい

⑨ビードとリムの間にチューブが挟まっていないか確認する。これを怠ってチューブがリムにはさまったままの状態で空気を入れると、チューブが破裂する

⑩空気を入れて作業は終了

4.まとめ

個人で行うメンテナンスの基本は「ものごとを面倒にしないこと」。「後でまとめてしっかり」よりも、「日々少しずつ」を習慣にしていった方がよい。「まとめてしっかりメンテナンス」が必要なときは、ショップに持っていこう。

Memo

STAFF

取材・執筆	中村　規（コース01、02、12、14、15、コラムP118～125）
	浅野敦哉彰（コース10）
	集団漫歩組（そのほかのコース、コラム）
カバー・扉デザイン	坂井栄一（坂井図案室）
表紙撮影協力	Life Creation Space OVE、コギー金沢文庫店、浅野敦哉彰
写真	中村　規
本文フォーマット	井桁　聖（株式会社Tom's in）
進行	集団漫歩組
地図・DTP制作	㈱千秋社（北原菜美子、細田　晶）

関東周辺《かんとうしゅうへん》サイクリングロード・ガイド

2009年10月10日　初版第1刷発行

編　集　実業之日本社
発行者　増田義和
発行所　実業之日本社
〒104-8233　東京都中央区銀座1-3-9
電　話　03-3535-3361（編集）
03-3535-4441（販売）
実業之日本社ホームページ　http://www.j-n.co.jp
印刷所　大日本印刷株式会社
製　本　株式会社ブックアート

Printed in Japan（趣味実用）
ISBN978-4-408-45239-5